泡沫轴
完全使用指南

提升表现与预防损伤的针对性练习

[美] 凯尔·斯塔尔（Kyle Stull）著 杨斌 李明 王承诚 译

人民邮电出版社

北　京

图书在版编目（CIP）数据

泡沫轴完全使用指南 ： 提升表现与预防损伤的针对
性练习 / （美）凯尔·斯塔尔（Kyle Stull）著；杨斌，
李明，王承诚译. -- 北京 ： 人民邮电出版社，2020.4
ISBN 978-7-115-51870-5

Ⅰ. ①泡… Ⅱ. ①凯… ②杨… ③李… ④王… Ⅲ.
①身体训练－指南 Ⅳ. ①G808.14-62

中国版本图书馆CIP数据核字(2019)第262390号

免责声明

本书内容旨在为大众提供有用的信息。所有材料（包括文本、图形和图像）仅供参考，不能替代医疗诊断、建议、治疗或来自专业人士的意见。所有读者在需要医疗或其他专业协助时，均应向专业的医疗保健机构或医生进行咨询。作者和出版商都已尽可能确保本书技术上的准确性以及合理性，并特别声明，不会承担由于使用本出版物中的材料而遭受的任何损伤所直接或间接产生的与个人或团体相关的一切责任、损失或风险。

内 容 提 要

无论是在日常生活中，还是在运动之前、期间和之后，进行泡沫轴滚压都大有裨益：改善肌肉失衡、促进血液流动、提升肌肉工作效率、预防损伤、加速恢复、减少疼痛等。但很多人并未真正地了解泡沫轴滚压的原理、时机和技巧，一直在错误地进行这项运动。本书作者结合科学研究和实践经验，为读者详细地介绍了泡沫轴滚压的科学原理和安全滚压原则、不同类型泡沫轴滚压器材的特点、针对身体不同部位的泡沫轴滚压技巧和练习，以及以缓解功能障碍、热身、提升柔韧性、促进恢复和损伤康复为目标的泡沫轴滚压方案，帮助读者在实践中更科学、高效地进行泡沫轴滚压，从而优化动作模式，提升训练效率，同时减低损伤风险。

◆ 著　　　　 [美] 凯尔·斯塔尔（Kyle Stull）
　　译　　　　 杨　斌　李　明　王承诚
　　责任编辑　 王若璇
　　责任印制　 周昇亮

◆ 人民邮电出版社出版发行　　北京市丰台区成寿寺路 11 号
　　邮编　100164　电子邮件　315@ptpress.com.cn
　　网址　http://www.ptpress.com.cn
　　天津翔远印刷有限公司印刷

◆ 开本：700×1000　1/16
　　印张：12.5　　　　　　　　　2020 年 4 月第 1 版
　　字数：222 千字　　　　　　　2020 年 4 月天津第 1 次印刷
　　　　　著作权合同登记号　图字：01-2017-7984 号

定价：68.00 元
读者服务热线： (010)81055296　印装质量热线： (010)81055316
反盗版热线： (010)81055315
广告经营许可证：京东工商广登字 20170147 号

本书献给那些想通过运动提高生活质量的人们。
身体是我们被赋予的最好的礼物。我们应该照顾好它。

目　录

前 言

本书专为想要学习更多专业知识、追求更好的运动感受和更高的运动水平的个体设计。你可能只是开始了一个练习计划，或者你只是一个"在周末锻炼的人"、竞技运动员或健身专家，希望了解更多有关泡沫轴滚压的知识。但遗憾的是，大多数人对泡沫轴滚压有许多误解，包括泡沫轴滚压的内容、方式、原因和时机。人们需要对运用泡沫轴的技巧有一个统一的认识，还必须具备关于人体的基本知识。

本书将带你了解泡沫轴滚压的相关基础知识和使用技巧。你应该明白，本书的写作目的既不是让你成为身体功能的专家，也不是让你学习结缔组织的分子结构。但是，在读完本书后，你将能够在健身房、物理治疗诊所、本地的跑步团体，甚至是你自家的客厅，自信地、安全地运用泡沫轴滚压技巧，并且这些技巧将尽可能为你带来最好的效果。另外，本书也会向你强调不需要使用泡沫轴的情况。当人体有损伤和患有疾病时，不太适合进行泡沫轴滚压，这样对身体是没有好处的。

在过去的几年中，泡沫轴滚压已经成为热门话题。泡沫轴滚压在80多年前（有记录证明）就已经是一种用于协助治疗师和按摩师的治疗方法，现在被打上"生命拯救者""包治百病的万能药物"甚至"每日必需的复合维生素"的标签再度流行于健身和运动领域。本书将帮助人们消除关于如何正确地使用泡沫轴的困惑，并且可以为人们提供基于科学的、被世界各地治疗师所认同的运动计划。

大约12年前，我第一次进入健身领域时，脑海里就产生了撰写本书的想法。和健身领域的其他人一样，我也经常受伤。我天生就有髋部问题，因此在青年时期进行体育运动时经常受伤。20多岁时，我遭遇了一场车祸，它导致我下背部脊椎骨折。随着时间一天天过去，这些问题已经让我进行了三次重建手术，同时我经常感到下背部疼痛（鉴于当时的情况，疼痛已有缓解，没有那么严重），还有慢性髋部疼痛问题。之后我经历了一系列改变我人生的事件。第一件发生在一场现场研讨会上，该研讨会由美国国家运动医学学会（National Academy of Sports Medicine，NASM）的学者斯科特·普伦（Scott Pullen）主持。美国国家运动医学学会不仅是第一个对泡沫轴的运用提供技术支持的专业组织，还给健身专业人士传授了泡沫轴的使用方式和原理。我早先就研究过一些泡沫轴的相关资料，但是直到普伦先生向我展示了正确使用的技巧后，我才开始注意到应用这项技巧的感受和我之前的感受完全不同。这激发了我的兴趣，并让我开始探索和了解健身领域中身体的灵活性和柔韧性。我获得了康复领域的理学硕士学位，并且成为一名认证按摩治疗师，因此我可以学习更多有关肌肉、韧带、肌腱和筋膜（身体内的结缔组织）的相关知识。另一个改变我人生的事件发生在2011年，那时我被介绍到一家名为TriggerPoint Performance（现在是TriggerPoint，Implus LLC的分部）的公司工作。该公司由卡西迪·菲利普斯（Cassidy Phillips）于2002年创立。菲利普斯已经研发了一种可以按压到深层组织的泡沫轴，可以运用更具体的技巧，针对身体不同部位进行多种锻炼的器材。TriggerPoint公司的泡沫轴，是常规软型滚轴的进阶版本。通过对这项技巧的学习，我们可以从中发现有关泡沫轴的新的可能性，学到基础知识和具体的技巧。本书将介绍使用泡沫轴的多种方式，并且还会介绍每一种方式的优点和缺点，希望这些可以有助于你制定计划，满足你的一些需求。

许多按摩治疗、物理治疗和健身领域的专家所展开的一系列的讨论（有时候是激烈的争论），对本书的贡献巨大。每一个讨论都涉及两个基本问题：第一个是泡沫轴滚压的相关术语，第二个是人们正在使用的相关技巧。泡沫轴通常是指"自我肌筋膜放松"。然而，大多数人并没有按照研究所推荐的方法进行泡沫轴滚压。通常情况下，需要花费数年时间才能了解如何正确地放松肌肉和结缔组织，只有训练有素的专业人士才能掌握这些方法，涉及如何辨别肌肉紧张的部位，以及运用哪些特定技巧来改变这些组织。尽管泡沫轴可能对这个过程有所帮助，但是目前没有证据表明其可以放松紧张肌肉。因此，如果泡沫轴滚压不能放松肌肉和结缔组织，那么是否可以称之为自我肌筋膜放松？本书将简单阐述为什么泡沫轴滚压和自我肌筋膜放松这两个术语可以互相替代，以及它们未来的发展趋势。

本书讨论的第二个内容，是大多数人如何进行泡沫轴滚压。在大多数情况下，人们会选择一块自认为需要滚压的肌肉，在自认为合适的时间，随意用泡沫轴上下滚动。我甚至听到一个专家说，"只要上下滚动30~60次"。这是错误的。我们可以问自己一个问题，如果一切如此简单，那还要我们的按摩治疗师做什么？所以正确的技巧永远不只是自己随意上下滚动30~60次那么简单。治疗师会在不同的方向上运用不同的技术，来改变肌肉的状态。虽然泡沫轴永远不能取代经验丰富的专家的指导，但是它能够有助于维持已产生的改变。

本书将分成3个部分，以帮助你清楚地了解泡沫轴，以及实际应用的相关技巧。本书以泡沫轴概述开始，进而介绍几种推荐的技巧，最后以简便易行的有效训练计划结束。

　　第1部分将简要解释泡沫轴滚压的基础知识，包括泡沫轴滚压的科学原理和益处、一些常规的安全建议，以及你将用到的所有器材的介绍。另外，第1部分还讨论了现在使用的泡沫轴器材的区别。在本地的体育用品零售处或网上可以买到多种产品，人们在选购时很容易感到困惑。然而，所有有效的泡沫轴工具都具有一些关键的特征。

　　第2部分将介绍如何运用不同的方式滚压身体的每个部位。你可以从任何部位开始泡沫轴滚压，本书建议你先滚压足部和小腿，再缓慢向上，直至全身。除非你肩部有持续的损伤，否则只滚压肩部对你没有任何好处，即使你感觉到肩部疼痛。身体是从头到脚的一个整体。当你站立时，移动足部，膝盖和髋部同样会移动，然后带动脊椎移动，改变背部肌肉的张力，从而影响肩部。（第3部分有助于辨别出现问题的部位。）

　　第3部分以解释如何快速、简单地进行评估开始。这个评估将帮助你确定哪个部位最需要关注。虽然也可以滚压功能正常而感觉紧绷的部位，但是这不会带来明显的效果。因此最好是学习滚压不能正常运动的部位。你感觉到的任何紧绷，都可能预示着身体某部位运动过多，并且需要一定的稳定性或强化训练（而不是额外的柔韧性和拉伸训练）。第3部分还介绍了基于个人目标进行泡沫轴滚压的不同方式。你是利用泡沫轴进行热身运动还是恢复运动？是治疗师建议你将其作为康复计划的补充内容吗？还是你只享受泡沫轴滚压的感觉吗？尽管这些计划是相似的，但效果会因每个人的目的不同而有所差别。

　　本书可以采用多种方式进行阅读。当然，我建议从第1章开始阅读，然后再按顺序阅读。通过这种方式，你可以完全了解泡沫轴滚压的基础理念。当你以这种方式使用本书时，你可以更好地理解你所希望的改变，然后有目的地去实现这些改变。如果你直接跳到第2部分去学习泡沫轴滚压技巧，你会发现本书详细地说明了适用于身体每个部位的技巧，这样有助于你取得成功。你可以在之后重新回顾第1部分，以学习到更多的知识。第3部分将基于你运动的方式、目标以及每天的锻炼（骑车、跑步、举重项目等）情况，给你提供不同的运动计划。这一部分将介绍一些简单的运动评估，以指导你制定计划。虽然列表内容不是非常详尽，但是你可以发现多个马上就能开始的运动计划，以让你尽快获得更好的运动感觉和更高的运动水平。

　　泡沫轴滚压是一种已经帮助数百万人重获健康的运动器材。但是，你不能在今后的生活中时刻依靠这个工具。同样，也不能把泡沫轴作为一种治疗方式。如果你患有慢性疼痛或严重损伤，建议去咨询有从业资格的医疗保健专家。这是很多人常犯的重大错误。泡沫轴是一个有助你健康的工具，你可以每天使用它。然而在跑步前、中、后的过程中，你不能将其作为唯一的一种治疗方式，用泡沫轴滚压你的大腿来解决一些深层组织的问题。这样做只会给你未来的生活带去更多的麻烦。

目前的研究表明，泡沫轴是一种很好的工具，可用于改善运动范围，提高柔韧性。然而，只有配合其他运动形式一起使用时，才能发挥它最大的效用。比如，进行泡沫轴滚压后再进行拉伸，这种组合运动方式已经被证明可以增大动作范围，这比单独进行拉伸或者泡沫轴滚压更加有效。另外，人类身体需要的不仅仅是灵活性，还需要充分的平衡性、稳定性和协调能力，以使身体功能达到最佳状态。尽管这本书的初衷不是用于锻炼，但是也提供了一些有助于提高泡沫轴滚压效果的拉伸和运动练习。这将是一个很好的开始，但是你需要更为全面的信息，我建议你向有资质的专家寻求帮助。

致　谢

　　本书得益于许多人的帮助才能顺利完成。我真诚地感谢身边所有鼓励我的人士，向我提出个人或专业建议的人士。我也感谢那些允许我在他们身上实践这些技巧，来进一步改进泡沫轴滚压方法的人士。

　　首先，感谢我的家人的耐心与理解，让我得以完成此书。我的妻子坎迪（Kandi）和我的女儿海莉（Haylee），牺牲无数个日夜陪我坐在计算机前，而且没有任何怨言。

　　其次，感谢我以前和现在的同事，我把他们当作我的挚友，多年来我从他们身上学到了很多。本书是来自大家的想法和信息的汇总，得益于他们给我提供了必要的基础知识。正如艾萨克·牛顿（Isaac Newton）所说，"我之所以看得远，是因为我站在巨人的肩膀上。"

　　最后要感谢我的数百名学生，是他们一直激励我不断进步。每一天我都感到荣幸并保持谦逊。

第 1 部分

基础知识

第1章

泡沫轴滚压的科学原理

　　泡沫轴滚压并非手法治疗领域的新技术，它作为某种运动形式已经存在上百年了，用以改善人们的健康状态。（事实上，早在20世纪早期，美国就有人提出了首个手持式滚压设备的专利！）泡沫轴永远不可能取代经验丰富的治疗师，但是却能协助他们的治疗工作。当使用泡沫轴配合治疗时，它会是一种很好的辅助器材。按摩治疗师发现，当患者在按摩期间进行泡沫轴滚压时，他们的肌肉会感觉更好，并且也能取得持久的良性效果。这让泡沫轴滚压背后的初始理论变得更有说服力，也就是说通过施加压力、促进血液循环和降低疤痕组织的堆积等方式可以产生和按摩治疗相似的效果。

　　随着高水平运动员和好莱坞明星，如勒布朗·詹姆斯（LeBron James）、大卫·贝克汉姆（David Beckham）和马克·威尔伯格（Mark Wahlberg）等在公开场合展示他们对泡沫轴滚压的喜爱，泡沫轴日益流行，因此科学领域也对泡沫轴产生了更多的兴趣。直到最近，研究人员经常这样问："泡沫轴滚压的作用是什么？"那些使用了泡沫轴的人表示，泡沫轴滚压可以提高身体的柔韧性、灵活性，促进血液循环，缓解肌肉紧张和酸痛，放松筋膜，消除扳机点，还可以减轻和消除疼痛。虽然上述作用很有价值，但是从科学角度来看，这些并不是这个问题足以令人信服的答案。

　　为了更科学地回答泡沫轴滚压的作用问题，本章将介绍一些研究，这些研究比较了泡沫轴滚压和其他放松技巧的区别，以及运动前后泡沫轴滚压的科学原理。另外，本章将探寻一些和泡沫轴滚压相关的技术（比如，肌筋膜放松和扳机点治疗通常可以和泡沫轴交替使用，但是传统的泡沫轴可能没有相同的效果）。最后，本章将探寻泡沫轴仍被误解的原因，以及泡沫轴未来的发展方向。

泡沫轴滚压的基础研究

泡沫轴滚压研究是一个热门话题，每个月都会发表有关泡沫轴滚压或自我肌筋膜放松的多个研究。下面将简要介绍泡沫轴的相关研究，目的并不是要用详细的科学知识令你产生敬畏之感，而是为了让你简要了解一些相关的科学发现成果。而本书后续内容将介绍如何应用这些科学原则。

泡沫轴滚压和柔韧性

发表在 *Current Sports Medicine Reports*（*ACSM*）上的一篇文献综述（Schroeder & Best, 2015）认为，锻炼前进行泡沫轴滚压，对柔韧性有一定的积极作用，并且也会缓解锻炼后的肌肉酸痛和疲劳。许多研究都把泡沫轴和其他的拉伸工具或者拉伸技巧做了比较。比如，斯卡拉博特、比尔兹利和斯汀（Skarabot, Beardsley & Stirn, 2015）比较了泡沫轴滚压和传统拉伸运动之间的区别，结果表明拉伸和泡沫轴滚压都能提高身体的柔韧性。然而，为获得最大的柔韧性，参与者需要将泡沫轴和传统拉伸技术相结合。参与者在拉伸前先进行一分钟泡沫轴滚压，这样做的效果最好。

类似的研究还有戈兰·马尔科维奇（Goran Markovic, 2015）比较了使用泡沫轴滚压和治疗师的其他手持工具，对足球运动员的髋部和膝盖运动造成的影响。马尔科维奇发现泡沫轴滚压和手持工具都能改善髋部和膝盖运动。值得注意的是，使用泡沫轴滚压的运动员能够自己操作滚压，而使用其他手持工具的运动员则必须由治疗师来操作。这一点非常重要，因为泡沫轴滚压是一项自我应用的技术。其价值所在就是能够让人们自己实施泡沫轴滚压，而不是依赖其他人的帮助。

泡沫轴滚压和运动表现水平

泡沫轴滚压被认为是应在锻炼前进行的一项运动。根据 *Current Sports Medicine Reports* 的文献综述（Schroeder & Best, 2015），泡沫轴滚压在锻炼前对柔韧性有一定的积极作用，在锻炼后可以减轻肌肉酸痛和疲劳。因此，这些发现表明泡沫轴滚压可以影响运动表现水平。

同样，奇塔姆和他的同事们（Cheatham et al., 2015）认为，泡沫轴滚压能有效提高关节移动能力和运动表现水平。在另一个研究中，皮科克和他的同事们（Peacock et al., 2014）认为，在基础运动表现测试（比如跳跃、敏捷性训练以及举重训练）之前进行泡沫轴滚压，可以提高运动表现水平。研究人员还发现，参与者在模仿真实运动的拉伸运动之后（即动态拉伸）进行泡沫轴滚压，其效果更佳。

兰尼根和哈里森（Lanigan & Harrison, 2012）发现，在足底部进行泡沫轴滚压可以增加弹跳的高度。多个研究支持这一发现。尽管我们认为泡沫轴滚压不能增加弹跳的高度，但是也不会降低高度。虽然研究人员还没有证实泡沫轴滚压有时会增加跳高高度的原因，但是这项发现证明了泡沫轴滚压对整体运动有着积极的促进作用。这是因为当身体的某个部位达到最佳运动状态时，也能更好地调用其周围的肌肉。当一块肌肉收缩时，关节对侧的肌肉则会放松。

在功能正常的神经系统中，这种工作机制可以发挥到极致，并且可以让我们有效地从 A 点移动到 B 点。然而，如果一块肌肉处于缩短状态不能收缩，这是经常发生的情况，那么对侧关节的肌肉也不能在需要的时候进行收缩。走路、跑步，甚至进行任何活动都需要髋部移动。在人体功能正常的情况下，我们可以利用臀肌推动自己向前移动。然而，如果髋屈肌缩短，那么臀肌（属于髋伸肌，是髋屈肌的拮抗肌）就不能完全收缩，臀肌运动会被抑制。此时，运动表现水平可能会降低，而损伤概率就会增加。如果此时用泡沫轴来放松髋屈肌的张力和紧绷，就能提高臀肌收缩的能力，从而提高运动表现水平，并降低腘绳肌腱损伤概率。

已有研究证明，在运动锻炼之前使用泡沫轴滚压，可以降低疲劳感（Healey et al., 2013）。疲劳感的降低又可以让运动员在训练时享受更多的乐趣，运动更加持久，以及获得更好的整体效果。

从目前的研究中衍生出一个一致的观点，即在运动前进行泡沫轴滚压不会对运动表现产生负面的影响。为了进一步支持这些观点，美国国家运动医学学会、TriggerPoint 和 Functional Movement Systems 等知名机构在十年前就开始鼓励人们在锻炼前使用泡沫轴。

泡沫轴同样被证明是锻炼后进行放松运动的绝佳工具。研究人员麦克唐纳等人（MacDonald et al., 2014）发现，在举重后进行泡沫轴滚压可以加速恢复、减轻肌肉酸痛，并且有助于在许多测试中（比如跳高）提高运动表现水平。受试者深蹲后再进行泡沫轴滚压，24 小时后回到实验室测量肌肉酸痛程度，并且再次进行运动表现测试。我们发现，深蹲后一天，泡沫轴滚压组的受试者，肌肉酸痛程度在 24 小时达到峰值，而无泡沫轴滚压组的受试者，肌肉酸痛程度在48小时达到峰值。皮尔希和同事们（Pearcy et al., 2015）的实验研究支持了这些发现。他们认为，在高强度运动后进行泡沫轴滚压，可以降低运动后24~48小时产生的肌肉酸痛感，同时提高运动表现水平。值得注意的是，虽然这两组的许多受试者都产生了肌肉酸痛的情况，但是与没有进行泡沫轴滚压的受试者进行比较时，进行泡沫轴滚压的受试者的肌肉酸痛感并不严重，而且很快就消失了。这表明高强度运动后可能会产生肌肉酸痛，但是泡沫轴滚压可以提高身体恢复的能力。埃德蒙兹和同事们（Edmunds et al., 2016）进行了一项研究，即探索锻炼后肌肉恢复能力的不同。一组受试者进行泡沫轴滚压，另一组进行传统的拉伸运动。研究人员发现泡沫轴滚压可以在锻炼后的第二天继续维持肌肉力量，而传统的拉伸运动则没有这样的效果。总体而言，关于运动后泡沫轴滚压的研究表明，锻炼后进行几分钟的泡沫轴滚压对身体快速恢复有明显的作用。

泡沫轴滚压和心脏

　　泡沫轴滚压的研究范围同样也超越了运动表现和柔韧性。冈本、增原和生田（Okamoto, Masuhara & Ikuta, 2014）发现泡沫轴滚压对心脏也有益处。本次研究的受试者用泡沫轴对身体多个部位进行了一分钟的滚压。结果表明，进行滚压的肌肉部位，动脉的柔韧性更好。动脉负责把富氧血液传送到全身，且动脉厚而富有弹性，其肌肉壁会和其他肌肉一样慢慢变得僵硬。因此，动脉越柔韧，输送血液的能力就越强。尽管本次研究并没有涉及静脉，静脉和动脉的结构完全不同，静脉薄而没有弹性，但是由于压力可以促进血液循环，因此泡沫轴滚压对静脉也有一定的益处。血液将氧气输送给肌肉，静脉则负责将血液回传至心脏和肺部。静脉包含细小的瓣膜，可防止血液倒流，并且可以在一个特定的区域汇集血液。当瓣膜功能不正常时会发生静脉曲张，此时血液在某个位置汇集，导致静脉弱化从而扩张。不建议利用泡沫轴来滚压静脉曲张的部位，这部分内容会在第3章进行讨论。然而，如果有规律地进行泡沫轴滚压，可以在一定程度上预防静脉曲张。

泡沫轴滚压和神经系统

　　最后一个需要考虑的泡沫轴滚压的作用，是可能造成人们生理上的变化。到目前为止，研究的重点在于身体的变化，比如运动表现、运动恢复、肌肉酸痛和疲劳。然而，首批涉及泡沫轴滚压的图书之一，*Integrated Training for the New Millennium* 的作者迈克尔·克拉克（Michael Clark）医生认为泡沫轴可能也是一种可以对神经系统有用的工具。克拉克医生在2011年对这个概念进行了进一步阐述。他认为通过泡沫轴在肌肉上施加缓慢而持续的压力，可以刺激某些与神经系统相通的接收器，从而让肌肉放松。针对泡沫轴作用于神经系统的研究，源于在给患者按摩期间观察到的变化。陈和同事们（Chan et al., 2015）进行了自我按摩是如何影响神经系统的研究。这个研究的受试者都曾受慢性疼痛的困扰，研究人员教给他们如何在疼痛部位进行自我按摩，并且要完成一些规定的家庭练习。自我按摩计划就是使用一个硬球在不舒服的部位滚动，施加压力。研究人员发现，进行自我按摩的患者的神经系统的放松区域增加，整体的压力降低。这个研究支持了之前的研究结果，也就是按摩治疗师应该在疼痛部位施加压力（Delaney et al., 2002；Takamoto et al., 2009）。这些研究是由按摩治疗师完成的，但是在减轻疲劳和压力方面都有类似的效果。

尽管按摩治疗和泡沫轴滚压有类似的效果，但是两者仍然有显著的区别。比如，按摩治疗师对于发现肌肉紧绷部位具有丰富的经验，他们也能帮助患者的肌肉得到放松。泡沫轴需要自己滚压不舒服的部位。因此，结果可能大相径庭。吉姆和同事们（Jim et al., 2014）认为，自我肌筋膜放松不会减少压力。此研究和其他研究有一个本质上的区别，那就是之前研究的受试者都有慢性疼痛部位。而这个研究的受试者都是健康人士，且在进行泡沫轴滚压前先进行30分钟低强度锻炼。

泡沫轴滚压和肌筋膜放松

泡沫轴滚压通常被称为自我肌筋膜放松，换言之，是由自己实施的肌筋膜放松。因此，经常有人提出这些问题："什么是肌筋膜放松？它和泡沫轴滚压是一回事吗？"

肌筋膜由两个部分组成："肌"是指肌肉，筋膜是指身体的结缔组织。结缔组织是一种类似于肌腱和韧带的组织，其作用仅仅是连接肌肉，不会产生力量和动作。筋膜是一种遍布全身的结缔组织。它围绕着器官和肌肉，出现在肌肉之间，甚至会连接皮肤。筋膜的作用是支持许多不同的动作和姿势。比如，对于常年进行高强度举重的人来说，其完成大量运动的身体部位的肌筋膜会增厚。肌筋膜增厚是为了让身体可以更加有效地完成举重。另外，马拉松运动员的小腿和大腿周围的肌筋膜也会增厚。因为每次脚触地时，肌肉都会收缩以把身体往前推，这会增大结缔组织（筋膜）的压力，随着时间的推移，筋膜越来越厚使得跑步效率更高。相反，如果一个人经常久坐，身体没有得到运动就不会在筋膜上施加压力，筋膜就会变薄、变弱，且容易受伤。

切记，肌肉和筋膜常常是一起工作的。肌肉收缩时，筋膜支撑，最终产生我们需要的动作。很多因素都能损坏肌肉和筋膜。常见的损坏情况包括脱水、过度使用和重复性运动过多。当肌筋膜损坏或压力过大时，它会形成多余的组织，如同疤痕。如果形成太多的疤痕组织，那么肌筋膜就会开始限制人体的动作，最终在疤痕部位或周围部位产生疼痛。

肌筋膜放松是一种手触技巧，需要由有资格认证且经验丰富的手法治疗师实施，比如物理治疗师、脊椎按摩医生或者有资格的按摩治疗师。肌筋膜治疗师马克·巴恩斯（Mark Barnes）将肌筋膜放松定义为一种发现受限（损坏）组织，且持续在该组织上施加压力，直到感觉到放松的方法，通常情况下持续时间是90秒左右。在首次放松后，治疗师继续施加压力，虽然施加的压力略多，但是也要直到感觉到第二次放松。这个过程可能会持续几分钟。有理论表明，因为筋膜可能富含水分，因此会发生变化。这会引起筋膜软化，变成一种与固体相比，更像是胶体的物质。疤痕组织虽然不会被全部清除，但是会重新组合以更好地支撑身体动作。对于许多人而言，肌筋膜放松已经被一致认为是一种实用且有效的减轻疼痛和恢复身体功能的方法。但是问题是，泡沫轴滚压能实现筋膜放松的效果吗？

泡沫轴滚压对肌筋膜是否有放松的作用，目前还没有证据支撑。然而，许多肌筋膜治疗师认为，泡沫轴滚压可能会有一部分放松肌筋膜的作用。在肌肉上用泡沫轴缓慢地滚压，找到敏感的部位（因为敏感的部位代表着受限或者损坏的组织）。然后，持续在该位置施加压力，直到感觉到该部位放松或敏感度下降。马克·巴恩斯称这个过程为"清除第一道屏障"。接下来，在相同位置持续施加压力，以找到下一道屏障，整个重复过程可能会持续几分钟。当使用泡沫轴进行肌筋膜放松时，需要考虑两个主要问题：（1）肌筋膜治疗师是发现限制组织的专家，然而普通人使用泡沫轴可能无法判断；（2）很少有人乐意在泡沫轴上躺几分钟。因此，要解决上述问题，尽管泡沫轴滚压和肌筋膜放松的功效类似，但是通常情况下泡沫轴滚压会由于使用不当而不能实现肌筋膜放松的效果。

泡沫轴滚压和扳机点

在开始时，泡沫轴滚压是作为缓解扳机点造成的不良副作用的工具。美国国家运动医学学会在2000年将泡沫轴滚压引入健康和健身行业，作为自我肌筋膜放松来对扳机点施加影响。随后，TriggerPoint的创始人卡西迪·菲利普斯表示赞同这个观点。扳机点，有时被称为肌筋膜扳机点，是肌肉损伤点，按压时触发疼痛感（Travell, Simons & Simons, 1999）。人们一般都会感受过这些相似的肌肉触发点，并且触发点通常都有明显的疼痛模式。比如，当按压颈部和肩部的扳机点时，整个颈部以及头部周围都会感觉到疼痛。这是常见的斜方肌扳机点。扳机点不仅仅会让人感到疼痛，还会造成肌肉持续性疲劳。

有扳机点的肌肉通常情况下会出于某些原因而持续收缩。当一个人处于投掷的姿势时，肌肉可能会处于缩短的状态而不能动作，或者肌肉可能会被持续地拉长以支撑身体某个部位。事实上，身体决定了某块特定的肌肉被持续地拉紧，这样才能让身体达到最好的状态，因此身体就在该肌肉位置设置极易触发的组织，以支撑身体姿势。

了解关于泡沫轴滚压的误解

现在可以找到关于泡沫轴滚压的所有信息，那为什么仍然有人错误地使用泡沫轴？为什么仍然很少有人了解泡沫轴滚压的益处？关于这些问题，现在还没有一个明确的答案，但是我们可以用直觉猜测。泡沫轴是圆筒状，可滚动。因此，可以放在地面上进行滚动。但是在通常情况下，滚动很疼且很不舒服。谁会愿意缓慢地滚动几分钟，做这种让人疼痛的事情？最好的办法是快速滚动，越快越好，然后在感觉到疼痛之前停止。公平地讲，泡沫轴的科学原理表明，对于大多数人而言，进行任何形式的滚压比不进行滚压要好得多。因此，一个人用20秒在整个大腿上进行滚压后的感觉，会比他开始之前要好很多。研究人员沙利文和同事们（Sullivan et al., 2013）让参与者极其快速地滚压股后肌群。整条肌肉在每分钟120次的速度下进行滚压。在此速度下，泡沫轴在一秒内从髋部移动到膝盖再到背部。参与者分成不同的组，在相同的速度下进行滚压，但是滚压时长不一样。任何一组的滚压时间不能超过20秒。每组参与者肌肉的柔韧性都有所提高，但是变化的持续时间不超过10分钟！

因此，要让泡沫轴滚压的价值和益处最大化，最重要的是要遵循专家建议的运动计划。花时间在需要泡沫轴滚压的身体部位上。在锻炼前后进行泡沫轴滚压，在滚压的时候注意呼吸，让肌肉充分放松。尽管你可能很快出现良好的感觉，但请注意，这不是预期的变化，肌肉在晚上不会变紧才是。

扳机点放松通常由具有资格认证的按摩治疗师来实施，且受过专业的扳机点放松训练。常见的放松方法是直接在扳机点上，或者靠近扳机点的部位施加压力，以阻碍血液和氧气流动。当血液和氧气流动减少时，扳机点会变得虚弱或者呈放松状态，这种情况下肌肉才能伸展，并进一步刺激扳机点。泡沫轴的运作方式也是如此。我们自己可以在敏感点上施加压力，通过施加压力以减少血液和氧气供应。一段时间过后（时间长短根据个人情况而定），扳机点会放松，肌肉得以拉伸，从而进一步放松扳机点。值得注意的是，许多扳机点都隐藏在深层肌肉中，因此很难用平常的泡沫轴触碰到。在这种情况下，可让按摩治疗师用不同的泡沫轴触碰更深层的肌肉。另外，持续地来回滚压会使人们习惯这样的压力，因此不利于减少或去除扳机点。大家一定要在敏感点上停留、持续施压、呼吸，直到疼痛和敏感度减少时再移开泡沫轴。

尽管泡沫轴有助于减少扳机点的不良副作用，甚至可能会防止扳机点的产生，但是扳机点不会自己消失。由于一些创伤或身体受到持续的压力，都会导致扳机点的产生。扳机点的产生源于身体损伤，或身体长年累月形成的不良姿势。例如，白领每天长时间在电脑前久坐，手放在键盘上，对上背部和肩部的肌肉造成了太多的压力。因此，这些部位最容易形成扳机点。如果不调整姿势，在上背部进行泡沫轴滚压，仅仅是感觉很好，但是对减少扳机点却没有什么作用。泡沫轴是一个非常好的工具，但是功能有限，并非包治百病。本书第10章将介绍一种快速评估方法，如果你对此有任何疑问，建议你去咨询健康和健身领域的专家。

泡沫轴滚压研究的未来

近年来，关于泡沫轴滚压的研究已经取得了很大的进展。然而，泡沫轴还有很多待开发的功能。尽管大量研究表明，通过提高身体柔韧性、动作范围和运动表现水平，泡沫轴滚压对身体运动有一定的益处，并且泡沫轴还可以有助于减轻高强度锻炼后产生的肌肉疼痛，加速肌肉恢复，但是没有研究可以严谨地证明泡沫轴滚压具有这样的效果。本书引用了很多研究文献，结合了众多理论，总结出泡沫轴滚压的原理。比如，沙利文和同事们（Sullivan et al., 2013）进行了关于极快滚压（120次/分）的研究，得出结论：高速滚压会产生非常大的摩擦，让肌肉产生热量，因此可以消除疤痕组织和肌肉之间形成的轻微粘连。这也许就是受试者的柔韧性会变得更好的原因。另一些文献认为血液流动速度增快可能与柔韧性和运动表现水平提高有关，又或者是受试者对泡沫轴滚压产生的喜爱或厌恶感引起了这些变化。比如，希利和同事们（Healey et al., 2013）认为，"在锻炼前进行泡沫轴滚压会减少锻炼过程中的疲劳感，参与者喜欢或厌恶泡沫轴也能影响他们的运动表现水平。"有的人可能喜欢泡沫轴，这会让他们对运动感觉到兴奋。相反，有的人厌恶泡沫轴，这只会刺激他们，让他们在运动时感到更困难，时间更久。没有研究详细探讨过这个问题。这只是一个有趣的想法。

在撰写本书时，泡沫轴制造商 TriggerPoint 正在和一些大学进行研究，以探寻泡沫轴滚压发挥作用的原理。在得克萨斯大学一个未发表的实验研究中，研究人员弗雷舍和同事们（Fleisher et al.,）发现，在小腿肌肉上进行泡沫轴滚压，会促进大腿上的血液流动。这确实很有趣，因为这是首次发现血液循环部位与泡沫轴滚压部位不一致。虽然很多研究还仍有待开展，但是给血液循环问题提供了一些内在的视角，这表明泡沫轴滚压确实能够促进全身的血液流动。

而另一些研究则在探寻承受疼痛的范围值（泡沫轴滚压可以提高一个人承受疼痛的能力从而让他们运动得更多吗）；局部血液流动（当肌肉被滚压时血液流动量增加了多少）；肌筋膜放松（泡沫轴滚压的确能放松结缔组织吗）；泡沫轴滚压的其他用途（泡沫轴滚压是一种有助于治疗足底筋膜炎和下背疼痛的方法吗），以及平衡能力（泡沫轴滚压可以提高老年人的平衡能力吗）。在未来的两年里，这些问题会和其他问题一起被找到答案。

在过去的几年时间里，泡沫轴在医疗、健康以及体育行业颇有建树。专业运动员和业余运动员都能从不同类型的泡沫轴中获得乐趣，发现更多的信息。然而一些科学研究并不完全支持泡沫轴的使用，尽管大部分研究支持。没有人知道确切的原因，但是现在似乎认为使用泡沫轴滚压好于不滚压。不断有科学研究以此为主题，并且在不久的将来，也会出现更多更具体的泡沫轴种类，以及更多使用泡沫轴的具体方法。

第 2 章

泡沫轴滚压的益处

第1章简单地介绍了目前关于泡沫轴的科学研究。泡沫轴的研究开展得越多，其在科学和医学行业内获得的关注就更多。然而，泡沫轴滚压的益处不能量化，因而不太可能在实验室进行测量，从而也不会在科学期刊中体现。本章将基于第1章中提到的研究来解释泡沫轴的益处，通过讨论一些已有案例，得出了一些结论，但是可能不会在实验室里进行研究，也不会发表，比如使用泡沫轴滚压可以减轻疼痛，并保持肌肉活跃；泡沫轴滚压的效果可以持续36小时，还可以暂时降低血压。

锻炼前、中、后进行泡沫轴滚压的益处

泡沫轴滚压在不同的锻炼计划和日常活动中都有其价值。在日常活动和锻炼过程中，泡沫轴滚压一般不会占用太多的时间。大多数情况下，只需要对少数几块肌肉滚压几分钟，就已经足以实现泡沫轴的益处。如果你在健身俱乐部里，你可以准备一块瑜伽垫和一个泡沫轴就能实现泡沫轴滚压。这确实是一种极佳的放松方式，为你的锻炼或者锻炼之后的放松做好准备，你可以随时进行。如果你在家准备跑步，你可以先边看最喜欢的节目，边用泡沫轴进行滚压。下面详细讲解泡沫轴滚压的益处。

锻炼前

泡沫轴滚压属于有效的放松运动。如果锻炼前进行泡沫轴滚压，则会取得更好的锻炼效果。第1章重点提到的多个研究，都发现泡沫轴滚压可以提高柔韧性（肌肉拉长和缩短的程度）。肌肉的柔韧性越好，关节运动越灵活。当然，并不是每个人都需要柔韧性，柔韧性过大只会让你受伤。然而，大多数成年人需要提高一些肌肉的柔韧性。锻炼中受伤的常见原因之一是肌肉僵硬和紧绷。如果肌肉不能完全伸展，而是强迫其伸展，就有受伤或者轻微损伤的潜在风险，因而导致肌肉酸痛。这种情况多发生在常年久坐，然后突然进行跑步的人群中。为了能正确进行跑步，双脚推蹬地面时，髋部要有能力完全伸展，因此髋部的柔韧性是非常有必要的。

常年处于坐姿状态的人群，前髋部肌肉会变短，甚至变得僵硬。因此这些肌肉不能完全拉长，并拉伸下背部形成伸展姿势，这被称为腰椎过度伸展（见图2.1）。跑步者的髋部处于紧绷状态，但是髋部却没有任何感觉的情况也比较常见，开始跑步后会出现下背部疼痛或膝盖酸痛。人们也会把这些情况归咎于"动作不规范"，也可能会说"跑步对关节不好"。事实上，出现这种状况是因为髋部限制了身体的正确动作，阻碍了身体正常缓冲力的能力，导致不同的身体部位出现疼痛。如果锻炼前花几分钟进行泡沫轴滚压，则可以让这些紧绷部位合理地伸展，从而提高其柔韧性，让其为锻炼做好准备。

泡沫轴滚压同样可以促进血液循环。运动热身的一个主要目的是加速血液和体液流动。锻炼中经常受伤的部位，比如肌腱、韧带和其他结缔组织，都没有足够的血液流动。血液流动较多的部位不会经常受伤。泡沫轴滚压可以促进全身血液循环，但是促进局部血液循环的效果更好。当锻炼涉及下身运动时，用泡沫轴滚压腿部（小腿、腘绳肌、股四头肌和臀肌）可以促进血液流动，并且将血液运送到所有的组织。这会降低正常运动中小圆肌扭伤和拉伤的概率。

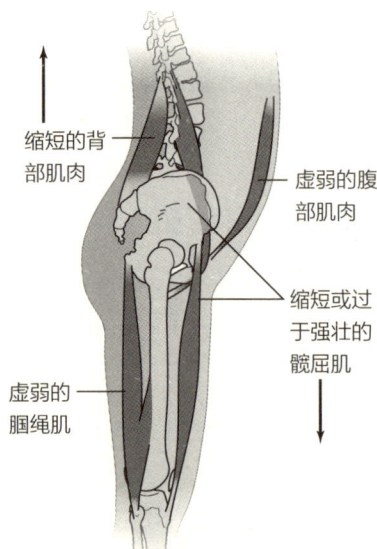

缩短的背部肌肉

虚弱的腹部肌肉

缩短或过于强壮的髋屈肌

虚弱的腘绳肌

图2.1 腰椎过度伸展

另外第1章阐述了泡沫轴滚压可以提高灵活性。灵活性通常和柔韧性相关，但是各有不同。柔韧性通常是指肌肉的伸展性，灵活性通常用于描述关节的移动方式。柔韧性会影响灵活性，反之，灵活性也会影响柔韧性。比如，如果大腿前的股四头肌紧绷，那么膝盖的灵活性就不好。如果膝盖有关节炎，那么它的灵活性也不会理想。随着时间流逝，股四头肌会变得紧绷，且会丧失柔韧性。泡沫轴滚压可以提高肌肉的柔韧性，因此也能提高你的灵活性。

身体在肌肉的支撑下可以向多方向移动。如果关节或者肌肉不能移动，可能是灵活性和柔韧性受限，那么肌肉就不能产生身体运动所需的力量，运动能力和表现水平就会下降。如图2.2所示的跳蹲，肌肉必须能够完全伸展和缩短才能产生最大力量。如果一块肌肉缩短且紧绷，那么身体的其他部位就会有一块肌肉拉长。不管是缩短还是拉长，失去了正确形态的肌肉都比较弱化。

图2.2　跳蹲动作：a.准备姿势；b.跳起
注意该动作强调肌肉拉长到理想长度的重要性：为了保证准备姿势的正确，小腿和大腿肌肉必须拉长；为了跳起能达到最大高度，肩部肌肉必须拉长。

保持肌肉和关节运动有助于提高运动表现水平，但是正如第1章所提到的研究表明，泡沫轴滚压可能不一定能提高运动表现水平，但是也没有研究表明泡沫轴滚压会降低运动表现。第11章将讨论在运动中结合泡沫轴滚压的最好方式，是在常规动态热身运动之前进行泡沫轴滚压。这样做既可以有助于身体更好地运动，也可以使自重训练帮助身体发挥出最佳运动表现。

第1章也说明了锻炼之前进行泡沫轴滚压，可以减轻肌肉的疲劳感。在锻炼时，肌肉消耗了大量的能量；运动一段时间后，都会感觉到一定程度的疲劳。目前还没有研究得出结论，为什么泡沫轴滚压可以减轻疲劳感，但是泡沫轴滚压会让身体做好运动前的正确准备。热身运动不仅仅是让身体做好运动的物理准备——促进血液流动和提高柔韧性、灵活性，而且也是做好心理上的准备。泡沫轴滚压可以正确地帮助你放松，让你更关注你的身体，纳入更多新鲜的氧气。用几分钟呼吸深度地感受每块肌肉，可以让锻炼时间更持久。

锻炼中

尽管第1章没有讨论这一部分内容，在锻炼期间进行泡沫轴滚压，同样也是利用泡沫轴的绝佳方式。人们在运动中所犯的最大错误之一，就是他们太过于关注休息周期，或者每个运动周期间休息的时间。为了能使运动对人体产生一定的作用，休息时间取决于运动的强度。如果你尽力举起最大重量，或者以最快的速度进行短跑冲刺，那么你至少需要休息几分钟，以便身体在进行下一个重复运动前恢复能量。如果能量没有完全恢复，那么需要降低运动强度等级。如果你运动时的强度很低，举起的重量很小，或者运动速度缓慢，那么你就不需要休息。

如果你真的需要休息，你该做什么？"休息"对每个人的意义都是不同的，但是在运动期间，休息就意味着你所做的任何事的强度都要低于你所进行的运动强度。但是休息也不意味着坐下聊天，事实上，许多健身和健康专家都不允许运动者坐下休息。相反，这段时间我们应该降低心跳速率，将氧气传送给肌肉，补充主要的能量来源。要实现上述这些目的，可以慢跑、快步走、适度伸展或者泡沫轴滚压。这个过程，较为合适的说法应该是"主动恢复"，而不是纯粹的"休息"。

如果你正在进行的运动是"循环"的，或者是"循环训练"，那么在运动中结合泡沫轴滚压会有非常好的效果。循环训练包括一系列连续的运动。这意味着上身和下身交替运动，或者同一个部位用不同的方式进行运动。循环训练几乎都有休息或恢复时间。一种很常见也很有效的主动恢复的方式就是在运动期间，利用泡沫轴滚压易紧绷或缩短的肌肉。比如，人们的小腿上普遍都有缩短的肌肉。鞋子的样式，甚至是人们走路的姿势都会影响这些肌肉。如果你想进行下半身运动，在下蹲、箭步蹲和跳跃后总是感到小腿紧绷，那么你就可以利用泡沫轴滚压的方式来预防或弥补这些情况的发生。简单的泡沫轴滚压和小腿伸展可以作为热身运动的一部分内容。在一组运动后，采用泡沫轴滚压大腿30秒，可以降低心率，使肌肉重获能量（这样做确实能够帮助其他肌肉更好地运作）。

　　另一个更为常见问题发生在人们想要锻炼臀肌时。臀肌是导致下背部疼痛的一块重要肌肉。但是在现代的生活方式中，髋部经常紧绷而导致臀肌不能正常工作。如果你的髋部紧绷，那么在运动前你可以利用泡沫轴进行滚压，或者伸展髋部有问题的肌肉。你也可以在运动时进行滚压，这样可以增加其他肌肉的运动量。

　　你还记得当一块肌肉紧绷时是如何影响另一块肌肉的吗？这就是完美的例子。在某一特定部位进行运动后，用30~60秒的时间进行泡沫轴滚压，甚至可以拉伸另一侧关节的肌肉。硬拉是针对臀肌和腘绳肌最好的力量训练。如果髋前肌肉（髋屈肌）缩短而紧绷，则会降低臀肌的收缩能力。因此，在一组硬拉后，不应该坐下休息，因为这会缩短髋屈肌，你应该拿起你的泡沫轴进行30秒滚压，拉伸两侧肌肉。这个方法对上半身运动也同样适用。如果你想要背部状态更好，那就多用点时间进行泡沫轴滚压，并且好好拉伸。

锻炼后

　　泡沫轴滚压在运动之后同样有效。第1章介绍了关于将泡沫轴滚压作为放松运动的一部分有助于减少肌肉酸痛的研究。健身热爱者很想快速减轻肌肉酸痛，以使他们能更加多次地完成更难的运动。其他人只是想减轻肌肉酸痛，不想在运动后还要忍受长时间的疼痛。

　　运动后的肌肉酸痛源于肌肉的细微撕裂。这是肌肉经历损坏后，自然调整过程的一部分。我们奇妙的身体会修复受损的肌肉，让它们变得比以前更强大。修复过程最重要的一个方面是适度的恢复。肌肉需要由血液提供营养。血液为肌肉传送营养的速度越快，身体恢复的速度就越快。在运动量最大的肌肉（因此，此处肌肉需要的营养更多）上用几分钟进行泡沫轴滚压，那么恢复就越快，损坏的部位也会修复得更快。值得注意的是，酸痛也并不全是坏处，这也意味着肌肉的运动量比之前更多。

运动后进行常规的泡沫轴滚压，可能具有更持久的效果，其影响比减轻肌肉酸痛要更加长久。当肌肉有细小的损坏时，这些肌肉会通过去除多余的组织而进行自我修复，从而变得更加强壮。这个过程类似于割伤后形成疤痕。在很多天、很多周、很多个月，甚至多年后，如果没有进行合理的拉伸运动或者肌肉训练，肌肉会缩短，组织变硬，从而阻碍正常运动。比如，手术后，许多医生认为疤痕组织在12周左右就可以轻松拉伸，但是此时疤痕部位会变硬变厚，难以进行正常的运动。当身体不具备正常的柔韧性和灵活性时，肌肉缩短变硬是身体一种简单的反应。这时，缩短的肌肉会令人感觉不适，并且会增加受伤的风险。因此肌肉应维持理想的长度，这样才能支撑身体完成各种姿势和运动。但是，当关节一侧肌肉开始缩短时，关节另一侧的肌肉就会被迫拉长。肌肉之间这种不理想的关系会给关节增加额外的压力，增加了肌肉重复拉伤的概率。运动后的泡沫轴滚压，作为常规放松运动的一部分，可以防止大部分的肌肉紧绷和不平衡现象。为了获得最大的肌肉长度，斯卡拉博特、比尔兹利和斯汀（Skarabot, Beardsley & Stirn, 2015）发现，在进行泡沫轴滚压后再进行静态拉伸可以产生最好的效果。

泡沫轴滚压的生理益处

泡沫轴滚压会影响身体内的多个系统。如果使用正确，对神经系统也有一定的作用。它可以减少神经紧张和压力，缓解疼痛。下面让我们来了解一些泡沫轴滚压产生的生理益处。

泡沫轴滚压对中枢神经系统的影响

泡沫轴滚压对神经系统有一定的积极作用。正如第1章介绍的，身体中受体压力的增加，可以使身体放松。这些受体遍布全身，并且靠近于神经系统。受体会交换有关肌肉紧张和压力的信息，有时就是疼痛的信号。就像任何做过按摩的人都能体验到放松。通过一段时间的持续施压（时间视个人情况而定），有可能会产生放松效果。放松会使血液流动更加顺畅、心率下降、血压下降、呼吸顺畅，并且减少全身压力。克拉克医生，美国国家运动医学学会的前任首席执行官认为，使用泡沫轴的理由有两个，其中一个理由是减少身体的紧张度（Clark & Lucett, 2011）。虽然此项研究是基于按摩等手动治疗的发现成果，但是如果使用正确，泡沫轴滚压的效果和按摩应该是相同的。正确使用泡沫轴的方式，是在你关注呼吸的同时，缓慢地在肌肉上施加压力，这才能达到最大的放松效果，即使现在还没有研究能够证明这个理论。另外，紧张和压力的减少能够解释为什么进行泡沫轴滚压之后，有些人很少感到疲劳，并且更能享受运动过程。

泡沫轴滚压对肌筋膜放松的影响

正如第1章讨论的，肌筋膜放松包括肌肉、筋膜或者结缔组织的放松。让我们来讨论一下肌筋膜放松的益处（之前一起讨论对柔韧性和灵活性的益处）。当筋膜系统的移动状态最好时，身体的感觉和运动也达到顶峰。但是，判断筋膜是否健康和肌肉是否健康的标准截然不同，因为筋膜和肌肉二者之间有着本质上的区别。比如，肌肉可以迅速收缩，但是筋膜却不能。筋膜对缓慢施加给身体的持久压力，以及某种特定的化学物质产生反应，比如应激激素。如果你每天都举起重物，且持续了几个月，那么随着压力施加到肌肉上，下背部的筋膜会缓慢收缩。事实上，筋膜收缩是为了帮助你不断地举起重物。这种强化过程形成了一种习惯，不管是好还是坏。当你在举起重物时，强化的举重习惯有利于完成动作，但是你如果去打高尔夫或者参加需要下背部筋膜移动性很好的活动，这种感觉就很不好。正因为肌肉受到压力时筋膜会缓慢地收缩，放松筋膜也是一个缓慢的过程，并且必须要配合运动一起进行。

筋膜的大部分都是水，因此泡沫轴产生的压力会把水"挤"出筋膜细胞。那么当压力去除时，水就会被"吸"进细胞膜。与没有进行泡沫轴滚压之前相比，这个缓慢但是稳定的过程来给细胞注入更多的水。为什么这很重要？因为当筋膜脱水时，会变得很黏稠，就像是黏液一样。因此，脱水的筋膜不能自由滑动和移动，它会黏在一起。当筋膜黏在一起时，会产生更多的摩擦力，使身体功障碍更加严重。但是当筋膜充满水分时，移动会很顺畅，没有摩擦力，能够让身体产生更大的力和稳定性。

泡沫轴滚压对扳机点放松的影响

如同第1章阐述的内容，扳机点是被过度刺激的肌肉纤维。扳机点的生成基于多个原因，但是他们却有一个共同点，那就是疼痛，尤其是当肌肉上的扳机点缩短或伸展时。另外，正如第1章讨论的内容，扳机点通常也能反映身体其他部位的疼痛。这些部位不是随意的，它们都遵循一个特殊的模式，之前的研究已经阐述过这部分内容。

对于大多数人而言，扳机点就像是肌肉中的小"节结"或者"肿块"。如果把它们去除可以让身体感觉更轻松。但是扳机点的麻烦在于，身体形成扳机点是基于一些特定的原因，因此经常放松扳机点并不好。一个经常出现紧绷、疼痛症状且和扳机点相关的部位是上肩和颈部，其原因是第1章中讨论的一个非常普遍的姿势，即头部前倾。这个部位不仅需要泡沫轴滚压，还需要一些适宜的肌肉力量练习，以及强化正确的姿势习惯，只有这样才能去除扳机点。

扳机点放松或去除后，肌肉就能更加轻松自如地伸长和缩短，而不会感觉到疼痛。出现扳机点的肌肉会缩短是常见情况。因此，在进行泡沫轴滚压后，可以进行一些拉伸运动以彻底去除扳机点。如果你认为自己有扳机点，建议你向有丰富经验的扳机点治疗的专业人士寻求帮助。第3章涉及的内容为应该谨慎使用泡沫轴的情况。

泡沫轴滚压对疼痛的影响

当涉及疼痛时，泡沫轴滚压的益处是很难量化的。最近有一些关于疼痛的研究，尤其是慢性疼痛，其重点在于感受疼痛的环境（Butler & Moseley，2013）。我们所处的环境会对受伤的影响产生很大的作用。想象一下某人的大腿在战争中被击中的情形。在战争这种压力环境中，身体会分泌肾上腺素和其他应激激素，遍布全身。你可能听过一个人没有意识到自己已经被击中的传闻。而在日常生活中，一张薄薄纸片引起的损伤都可能让你流泪！为什么对这两种受伤的感受完全不同呢？答案就在于它们发生的环境不同。

关于泡沫轴对疼痛的影响，相关理论考虑到了这个问题。当使用泡沫轴滚压持续疼痛的部位时，可能并没有放松组织或者去除所有的扳机点，但会改变传递给大脑的信息（即关于感受疼痛的环境的信息）。为了能够感受到这个细小的差别，你可以想象下自己在开门的时候肘部撞到门后的反应。你的第一反应是什么？有些人可能会说出很多答案，但是你最有可能会去按揉你的肘部。肘部撞门后你去按揉肘部，这个下意识的反应改变了那一时刻的环境：按揉让人体感觉到疼痛的部位产生动作，然后大脑会决定此刻哪个动作更加重要。为了把这个理论应用到泡沫轴滚压上，可以想想那些热衷跑步的人，正在饱受髂胫束（一条厚的筋膜带，从髋部沿着膝盖外侧延伸到胫骨）紧绷而引发的慢性疼痛；用泡沫轴进行滚压，即使是几秒，也能够极大程度地缓解疼痛，因为改变了疼痛的环境。这种情况下最好使用泡沫轴，只要使用者明白他们仅仅是多用了几分钟缓解疼痛，而不是根除疼痛。髂胫束疼痛通常是由髋部不平衡引起的。因此，滚压髂胫束时可以得到放松，但还必须滚压其他部位，才能根除疼痛。

泡沫轴滚压的益处能持续多久

　　尽管泡沫轴滚压的益处很多，但是由于每个人使用泡沫轴的情况都不一样，因此关于泡沫轴滚压的益处能够持续多久尚待明确。我们回顾一下第1章，如果以超快的速度进行滚压会提高柔韧性，而不会降低运动表现水平，但是这些变化只能维持10分钟。然而，我和TriggerPoint一起开展的多个研究已经得出了一些不同的结论。春季训练营期间，一群来自美国亚利桑那州图森市的专业自行车手，在半长距离的训练骑行前对他们的非优势腿进行了24小时的泡沫轴滚压。他们滚压了小腿、股四头肌、臀肌和腰大肌（脊椎底部和骨盆顶部），在骑行之前他们没有对优势腿进行任何滚压或拉伸活动。在完成骑行之后，他们对这些自行车手进行了简短的调查，调查他们的腿部感觉。几乎所有的参与者都认为，与自己的优势腿相比，滚压过的腿感觉更加有力，而且更不容易疲劳。另一项调查中的参与者是20名业余登山爱好者，在加利福尼亚州圣莫尼卡市附近组建了一个团队，在有资格认证的个人教练员的指导下，对和自行车手相同的部位进行了泡沫轴滚压。登山爱好者还用泡沫轴滚压了身体非优势侧的上背部和胸部肌肉。登山开始前，泡沫轴滚压已持续了36小时。登山完成后，登山爱好者们也得出了结论，告诉了我们他们的感受，而他们的回答和自行车手如出一辙：使用泡沫轴滚压过的大腿比没有滚压过的大腿感觉更好。虽然这个结论相当有趣，并且只包含了少数参与者，但却是很好的引导性数据，以鼓励研究人员更努力、更详细地观察这些效果能维持多久。值得注意的是，参与者没有必要去解释为什么会感觉更好。因为在体育活动期间，两条腿之间并没有特别之处，只是感觉好一点，强壮一点，运动后疲劳少一点。

发现泡沫轴滚压频率和连贯性规律的益处

　　很少会有人在进行泡沫轴滚压后站出来说："我非常享受泡沫轴滚压！"但是却经常听到有人说："为什么我要再做一遍？"因为泡沫轴滚压有时候会让人感觉不适。然而，疼痛和不适并不是泡沫轴滚压的初衷（如果疼痛剧烈，你可以换一个更柔软的泡沫轴，或者变换姿势）。日常持续性的泡沫轴滚压可以让你得到本章讨论的这些益处。身体会随着时间的推移慢慢适应运动。但前提是要持续刺激（举重、有氧运动或伸展）身体进行运动。泡沫轴滚压也与之类似。当身体经常能感受到泡沫轴滚压的益处时，为了能够让肌肉和其他组织产生效果持久的改变，你必须有规律地不断进行泡沫轴滚压。

请思考身体每天都在做什么：你完全发挥身体的功能了吗？让你的身体正常恢复了吗？保持充足的水分了吗？给身体提供自我修复所需的营养了吗？很少有人会思考这些。如果你没有满足身体每天的需要，那么你就需要更频繁地进行泡沫轴滚压，而且每次持续的时间要更长。TriggerPoint的创始人卡西迪·菲利普斯对泡沫轴滚压和刷牙进行了比较。菲利普斯认为，"你每天都刷牙以避免形成牙垢，那么你也需要每天'刷'肌肉以避免肌肉形成黏性物质。"当肌肉积累了和牙垢一样多的黏性物质，那么就会出现异常情况。泡沫轴滚压可以不断地帮助组织以保持水分充足，并能够自由顺畅地移动，防止肌肉变得僵硬、缩短和紧绷。

到目前为止，没有人研究并确定泡沫轴滚压的频率，即需要多久做一次滚压。但是，很多行业内专家都建议应该最少每周做三次才能保持效果。如果需要滚压的部位出现了问题，那么一天一次最理想。最好是根据你自己的生活方式确定滚压的频率：你穿什么样的鞋子，你一天坐多长时间，你工作努力的程度，所有这些因素都决定了身体所经历的肌肉拉伤的程度。如果你想产生变化，可能至少每天需要两次泡沫轴滚压；如果你想继续保持效果，那么必须一天一次。

我们以膝盖疼痛为例。想象一下你的医生说你的膝盖没有任何肌肉或韧带撕裂，并且建议你轻微拉伸小腿。如果你是一个办公室的白领，每天工作8小时，还需要穿商务休闲装，包括高跟鞋。高跟鞋会缩短小腿肌肉。因此如果你长时间穿高跟鞋，小腿肌肉会迅速适应缩短姿势，并且再也不会自己伸展。为了拉长肌肉，你可以进行一分钟的泡沫轴滚压，然后再拉伸。然而，一天一次的频率不足以产生缓解膝盖压力的效果，因为第二天你又穿上高跟鞋，你的小腿肌肉又会变短。在这种情况下，你早上起床、午饭和睡觉前的第一件事就是进行泡沫轴滚压和拉伸。为了让泡沫轴滚压的益处实现最大化，你还应该对足部周围的其他肌肉进行力量训练。

频率和持续性是决定你是否可以从泡沫轴滚压中获得益处的重要因素。大多数情况下，你都要考虑到身体所处的状态。如果你注意到身体每天都长时间保持相同的姿势，就需要每天用几分钟时间来持续有规律地进行泡沫轴滚压。

泡沫轴滚压有很多益处。在运动或者进行其他体育活动前进行泡沫轴滚压，可以让你的身体更有效地移动，让你的运动表现水平更好。泡沫轴滚压在运动的前期、后期都是一种能够促进血液流动，刺激肌肉更有效率地工作，促进恢复进程，以及减轻肌肉酸痛的极佳工具。通过暂时干扰神经系统和引入动作，泡沫轴滚压能有效地减轻疼痛。通过对这一工具的正确使用，这些好处会持续几天。泡沫轴滚压引出的一种新的刺激方法，因此要有规律地坚持进行滚压，这样身体才能适应。第3章我们将介绍并解释如何将泡沫轴滚压安全地融入你的日常生活中。

第3章

泡沫轴滚压的安全性

只要你遵循几个简单的原则，泡沫轴滚压在通常情况下都是安全的。在进行泡沫轴滚压时，最重要的是常识。比如，如果你受伤了，就不要进行泡沫轴滚压。或者，你正在经受慢性疼痛，也不要把泡沫轴滚压作为一种治疗方式。如果你有任何伤痛或者疾病，请先咨询医生。

另外，像颈前部、腋窝、髌骨和腹部这类敏感的身体部位，也不要进行滚压。并且，在此要特别提出的是，要特别注意颈部和头部。另外一个需要注意的区域是下背部，下背部滚压需要特别精确，应该避免使用大而硬的泡沫轴进行大力滚压。

最后，我们最常犯的一个错误是误解泡沫轴滚压的目的。我们根本不需要用铁管、硬管或有较大尖状突起的物体作为滚压工具。有的时候使用一些密度较大的物体或有隆起褶皱的物体滚压，感觉更好。但是进行泡沫轴滚压的目的绝不是看哪个物体对身体造成的疼痛感最大。如果我们带着这个目的进行泡沫轴滚压，并且用类似的物体进行滚压，那的确是误解了滚压的目的。本章将介绍泡沫轴滚压的安全性，包括几个你需要了解的原则，以便在滚压时确保你的人身安全。

泡沫轴滚压和医疗禁忌

泡沫轴滚压起源于按摩，因此，研究人员并没有特别指出使用者何时应该避免使用泡沫轴，所以我们现在所了解的关于泡沫轴的信息，都是来自于按摩师，然后再根据泡沫轴滚压的需要进行调整的。斯塔尔和埃利奥特（Stull & Elliott, 2015）强调患有骨质疏松、糖尿病、高血压、静脉曲张等的个体，在进行泡沫轴滚压时需要特别谨慎（还有很多需要注意的情况，上述列出的只是最常见的人群）。也并不是说这些人群就完全不能进行泡沫轴滚压，只是他们需要特别小心，即我们所谓的"相对禁忌"，或者是在进行泡沫轴滚压时需要特别注意的情况。

骨质疏松症

骨质疏松症是骨骼敏感的表现（见图3.1）。男性和女性都会患此病，但是女性的患病率比男性要高。骨质疏松症通常和更年期有关。在这个时期，骨骼敏感的速率要大于骨骼再生。大多数情况下，脊椎、颈部或者股骨的骨骼比其他任何部位的骨骼都更容易敏感。如果你患有骨质疏松症，那么是否能够使用泡沫轴取决于你患病的严重程度。例如，如果病情较轻，那么可以在不会产生太大压力的部位安全地进行泡沫轴滚压（比如靠墙站立，滚压上背部、肩部、大腿上部或小腿）。即使骨质疏松程度较轻，一般也要

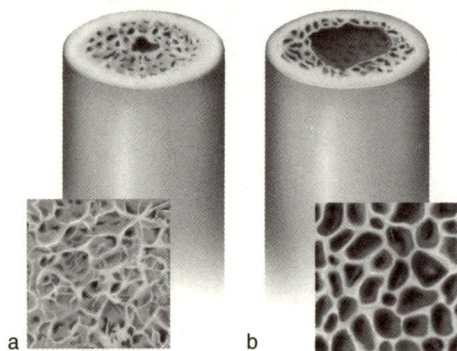

避开脊柱，或者大腿和髋部，因为当躺在泡沫轴上时，这些区域会产生较大的压力。相反，这些区域可以通过让患者站立或者靠墙，由临床医生或按摩师施加较少的压力来安全地进行滚压。正如之前提及的内容（本章会再次强调），如果出于任何原因，你不能确定自己是否需要进行滚压时，请咨询健康护理人员，并且在患病情况下，请在滚压之前先进行骨密度扫描。

图3.1　a. 健康骨骼；b. 骨质疏松的骨骼

糖尿病

糖尿病本身并不是禁止使用泡沫轴的原因，但当患者有糖尿病引起的并发症时，就要小心、谨慎地进行泡沫轴滚压。最常见的并发症或者副作用是糖尿病性神经病变、血管损坏，以及毛细血管损坏。糖尿病性神经病变是一种发生在大腿和足部的神经病变，常见的症状各有不同，从疼痛到肢体麻木都有可能发生。在患有神经病变的区域进行泡沫轴滚压，有可能引发额外的疼痛。泡沫轴滚压可以缓解肌肉张力和紧绷，但是却没有证据表明其对神经有积极影响。因此，当感觉到神经疼痛时，不建议进行泡

沫轴滚压。至于肢体麻木，敏感点不是那么明显。如果你对那个点施加太多的压力，会导致组织挫伤或更严重的组织损坏。随着时间的推移，高血糖导致动脉硬化，引发心脏病、中风、小腿和足部血液循环不良。虽然没有太多的确切证据证明泡沫轴滚压对动脉的影响，但是研究人员认为还是存在一定的影响，这部分内容在第1章中有所阐述。然而，当血液循环不良和肢体麻木同时发生时，任何由泡沫轴滚压引发的挫伤都会导致组织损坏。如果循环正常，充足的血液和氧气被输送到下身，挫伤很快就能恢复。但是患有糖尿病时，恢复过程就不那么快了。

最后，高血糖同样会使小血管和毛细血管变厚。毛细血管非常细小，负责把血液从动脉传输到静脉。毛细血管最重要的职责之一是将血液和氧气传输到器官，并从器官中运出废弃物。当毛细血管壁变厚，就不能有效地传送血液。另外，较小的血管和毛细血管会开始渗漏。再者，还未能证明泡沫轴滚压到底是具有积极作用还是消极作用。因此这个问题需要在进行泡沫轴滚压之前，咨询健康护理人士来加以解决。

高血压

大多数的高血压患者已经通过药物来控制血压，因此高血压是一种较为可控的疾病。在患有高血压的情况下进行泡沫轴滚压，最重要的考虑因素是身体姿势和呼吸模式。对于一些部位（比如大腿），你在滚压的时候可能平躺。当心脏和身体其他部位处于同一水平时，这可能会引起血压的自然升高，但是升高的量很小，并且泡沫轴滚压并不需要你长时间处于平躺姿势。另一个重要的考虑因素是疼痛。对疼痛的自然反应是身体紧张，屏住呼吸。如果你屏住呼吸，那么你身体的血压同时也会增高，尤其是肌肉收紧时。在滚压至疼痛部位时，你可能会屏住呼吸，收紧肌肉，如果你这样做了，身体压力将急速增大，血压也会增高。所以请记住，在进行泡沫轴滚压时，要尽可能自然呼吸并放松心情，保持血压正常。

静脉曲张

在进行泡沫轴滚压时，静脉曲张是另一个需要考虑的情况。静脉曲张是皮下有明显凸起的血管。通常情况下，静脉曲张会在皮下稍微凸起。由于重力的缘故，下身是最常见的易患静脉曲张的区域。静脉是将全身脱氧血液输回心脏的血管。心脏跳动以驱使血液流动，并且负责将血液输送到肢体末端。但是，当血液回流到心脏时，血压相对较低。腿部肌肉收缩，以协助血管将血液输回心脏。为防止血液回流到双腿，身体会形成一些细小的瓣膜，使血管成为"单行道"。但是，有时瓣膜较敏感，或者孕期等情况下股骨上的静脉承受的压力增大，这会抑制瓣膜的正常运作。在这些情况下，血液可能会开始回流，从而导致血肿，最终导致静脉敏感，从而形成静脉曲张。如果你患有静脉曲张，泡沫轴滚压会对静脉施加太多压力，甚至造成血管损坏。如果你想用泡沫轴滚压来缓解静脉曲张，应该尽量避免在静脉曲张部位直接施加压力。在静脉曲张部位的周围进行泡沫轴滚压，是安全之举。

安全治疗疼痛

泡沫轴滚压的初衷不是诊断或治疗任何疾病，包括疼痛。疼痛是一个复杂的论题，并且在过去的几十年时间里产生了大量的研究结果。如果你想探索这方面的研究，可以阅读由大卫·巴特勒（David Butler）和洛里默·莫斯利（Lorimer Moseley）所著的*Explain Pain*。重要的是，我们要了解疼痛是大脑表达身体问题的方式，并且我们的疼痛感是非常主观的。因此，不建议为了完成目标而使身体忍受疼痛，当然，除非你已经咨询了健康护理医生，并且达成了一致的解决方案。

选择需要进行泡沫轴滚压的部位，应该基于运动评估的结果，这部分内容将在第10章介绍。第10章将为你提供最好的解决方法，以缓解疼痛和不适感。以膝盖疼痛为例，膝盖肌腱炎相当常见，常感觉膝盖疼痛的地方位于髌骨的上下方。产生疼痛的原因是过度使用，以及和髌骨连接的肌肉上重复施加负荷。如果髌骨疼痛，本能会驱使我们去揉它，但是这没有任何帮助，而且不合理。假如你这样做，只会引起额外的疼痛。为了能消除这种疼痛，你最好在股四头肌上进行泡沫轴滚压，也可以滚压小腿肌肉。研究表明如果这些肌肉缩短，则会导致髌骨肌腱的过度使用（髌骨肌腱连接髌骨的底部）。

另一个常见的问题，尤其是常见于活跃的人群，是髂胫束综合征，也被称为"跑步者膝"。大多数情况下，患有跑步者膝的患者如果有泡沫轴，他肯定会立即想滚压髂胫束。虽然在滚压后膝盖感觉稍好，但是疼痛仍然持续，可能比之前更疼。这是由于疼痛并非髂胫带产生的问题。和你听到的相反，髂胫束不会紧绷。科学证据明显表示，这是髋部存在肌肉不平衡的现象所致。因此，利用泡沫轴滚压髂胫束可以暂时缓解疼痛，但是你仍需要解决髋部肌肉问题，以获得持久的效果。因此不管任何时候、任何地点，在进行泡沫轴滚压之前都要进行评估，让评估结果来决定你需要滚压的部位。

滚压髂胫束并没有错，但是泡沫轴滚压髂胫束下面的肌肉，效果的确会更好。大多数情况下，对于一些小病小伤，我们要做的不是去消除疼痛，而是应该去找到疼痛的根源。

泡沫轴滚压的常识

1764年，诗人、哲学家、历史学家伏尔泰（Voltaire）有一句名言：常识并非人所常见。这句话用到泡沫轴滚压上确实是正确的。下列是几条并不常见的常识，尤其是当你走进健身房，或者看其他人进行泡沫轴滚压时！

一旦找到敏感点，躺下就好

泡沫轴滚压好像比一动不动地躺下更有趣，但是有时候只有躺下才能看到效果。你不需要左右扭动或上下抬腿来按摩组织。你更不需要快速滚动。你只需要静静地躺下，关注呼吸即可。随后，你可以增加一些微小的可控动作［大概1英寸/秒（1英寸约为2.54厘米，余同）］。泡沫轴滚压技巧见本书第2部分。

只滚压你认为安全的部位

无论你是否相信，身体上有几处易受伤的敏感部位是不能进行滚压的，除非由专业医生或者治疗师实施滚压。虽然具有资格认证的专业医生可以用手来协助滚压，但是你不能用一个无生命的令人难受的物体（如棒球）来滚压这些部位。如果感到不适，要及时告诉医生。

颈部

放松上背部和肩部肌肉有特定的方法，但是颈部的其他部位应由专家来操作。不要用任何物体按压前颈部，建议不要用泡沫轴滚压颈部两侧。颈部两侧有两块肌肉，分别是斜角肌和胸锁乳突肌，这两块肌肉对于常坐在电脑前面的人来说是最容易出问题的肌肉。它们分别位于颈部的两侧，因此总共有四块肌肉。颈部还有非常敏感的神经和血管，在颈部的内部、外部和周围交错分布（见图3.2）。由于这些区域常出现问题，因此需要专家来予以解决。

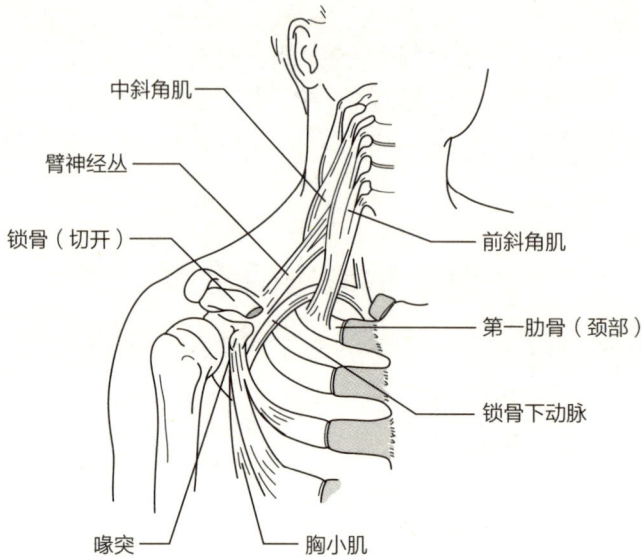

中斜角肌

臂神经丛

锁骨（切开）

前斜角肌

第一肋骨（颈部）

锁骨下动脉

喙突　　胸小肌

图3.2 颈部敏感的肌肉、神经和血管

　　臂神经丛是一束位于颈椎上的神经，经过斜角肌，给整条手臂提供感应和机动功能。如果臂神经丛收缩过度或过于频繁，就会受伤，神经组织不像肌肉组织那样可以修复。神经可能需要花费数月甚至是数年的时间才能完全恢复。颈部周围的其他结构是颈动脉，这是一条靠近胸锁乳突肌的厚血管，负责将血液和氧气输送给大脑。虽然与臂神经丛相比，颈动脉不容易损坏，但是仍然很敏感，因此不能过于频繁地收缩或伸展。在这种情况下，需要你自己用手去清晰地感觉敏感情况，并且在需要时从该部位移开。如果有人在你的这些部位进行治疗，强烈建议你不要让他/她使用任何工具或者物体。使用自己的手，你能更清晰地感觉到这些敏感结构，并且在需要的情况下马上停止治疗。

下背部

　　当大多数读者听到下面这个观点的时候，他们会感到悲伤，因为根本不需要在背部进行泡沫轴滚压，即使背部患有伤痛。如上所述，当感觉到疼痛时，最好是找到疼痛的根源，而不是解决疼痛，这对于下背部疼痛来说非常正确。大多数患有下背部疼痛的人并没有治疗下背部损伤，因此我们不能责怪下背部。由于一些损伤对下背部没有影响，肌肉紧绷以保护自己免于进一步的损伤。因此，用硬物滚压下背部，坏处多于益处。泡沫轴滚压可以暂时减轻一些疼痛，就像是用手去挠被蚊子叮咬的地方，可

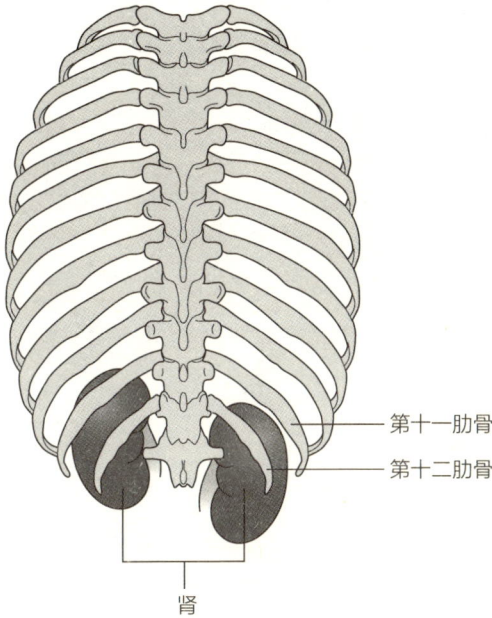

图3.3　肾和漂浮在下背部的肋骨

第十一肋骨
第十二肋骨
肾

以暂时止痒，但是却不能解决根本问题。同理，应该考虑这个部位是不是有其他疾病。比如，有人开始发现下背部疼痛，但是最后检查发现患有肾结石。第10章将介绍一些简单的下背疼痛评估方式，但是现在，可以考虑使用泡沫轴对上背部和髋部周围的肌肉进行滚压。这能大幅度缓解下背部肌肉的紧张感。另外，下背部有些敏感的结构，比如肾和漂浮的肋骨（见图3.3），这些结构不能直接承受压力。肾位于第十一对和第十二对肋骨之间，这些肋骨也被称为"漂浮的"肋骨，因为它们与脊椎的连接点很小，并且没有与胸骨相连。

尽管这些肋骨不可能被轻易打断，仍然不建议你直接在这些肋骨上施加压力（就算你在网上看见一些信息，或者听到专家说在肋骨上直接施加压力不会有事）。如果你下背部确实疼痛，请咨询你的医生或者有资格认证的治疗师。切记不要自己滚压。

膝盖后面

另一个时常有疼痛感的部位位于髌骨的后面。在这个区域有多个神经和血管，这个区域也叫作"腘窝"，这是因为此处的肌肉叫腘肌。这个区域包含腘动脉、胫神经、腓总神经以及两个被称为膝动脉血管的细小血管（见图3.4）。如果膝盖后面患有腘囊肿，此部位不能进行滚压（见图3.5）。腘囊肿是膝盖后面的肿块，通常因滑液（关节里面的液体）分泌过多而引起，病源常常是关节炎或膝关节损伤。然而腘囊肿一般不会引发任何长期损伤，通常情况下会引发紧绷感、压迫感和疼痛。因此根本没有理由用泡沫轴滚压膝盖后面的区域。

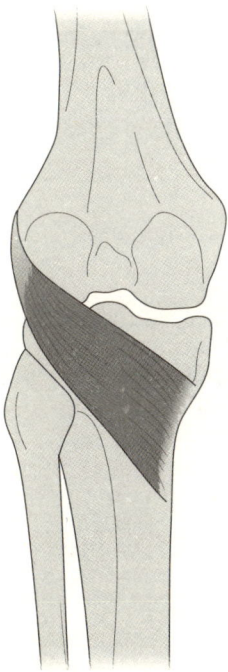

图3.4　膝盖后面的腘窝

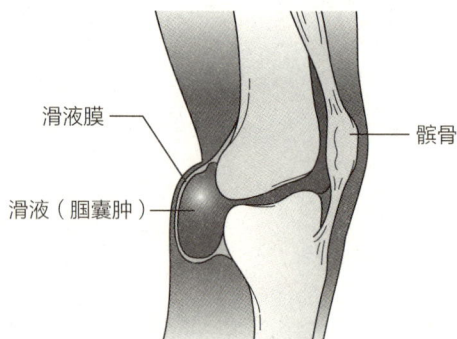

图3.5　膝盖后面的腘囊肿

腹股沟

　　大腿内侧的肌肉群被称为内收肌。内收肌共有5块，主要作用是稳定髋部，还肩负其他功能。但是，正如你可以从本章中预测的那样，这个部位也要小心谨慎。髋部位置高，靠近骨盆，这是一块被称为"股三角"（见图3.6）的区域。这是一个软组织区域，有一些重要的神经和动脉血管穿过这个区域。这个三角区域是由腹股沟韧带组成，腹股沟韧带将耻骨、髂骨、缝匠肌和长收肌相连。在这个三角内可以很容易触碰到股神经、股动脉、股静脉和腹股沟深淋巴结，这些部位实际上不需要进行滚压。另外，内收肌是需要进行滚压的肌肉。因此，当滚压这些区域时，一定要小心谨慎，一定要注意敏感的地方。作为一般的原则，如果你感觉到脉冲式跳动、尖锐的疼痛、麻木或者任何不寻常的疼痛，马上停止滚压这些部位即可。

髋部

　　另一个敏感部位是梨状肌，一块深藏在髋关节内部的肌肉。之所以把梨状肌放到最后，是因为这块肌肉不同于之前提到的其他肌肉，这是一块大多数人都需要进行滚压的肌肉。但是，和颈部肌肉相似，也有一条非常重要的神经经过这个部位，不能受到伤害。梨状肌不仅仅是髋部的主要旋转肌，也有很多其他作用，其中之一便是支撑髋部伸展。臀大肌是负责髋部伸展的主要肌肉，但是臀大肌经常会变得虚弱

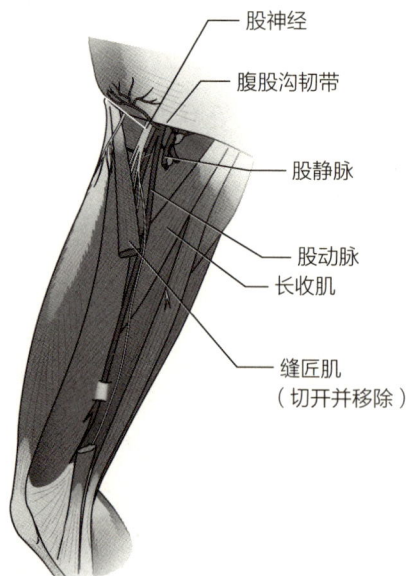

图3.6　腹股沟三角

且不怎么活跃，换言之就是臀大肌不怎么想执行它自己的职责。当我们身体内部有任何肌肉变得不活跃时，就会有"帮手"来帮助它完成工作。另外，如果持续时间较长，身体就会出现功能障碍或者受伤。就髋部而言，梨状肌就经常超负荷工作，因此会变得紧张。紧张和"紧绷"不能混淆。紧绷是一种感觉，不能反映肌肉长度。梨状肌很少会缩短紧绷，因为在通常情况下，梨状肌是伸长且紧张的。

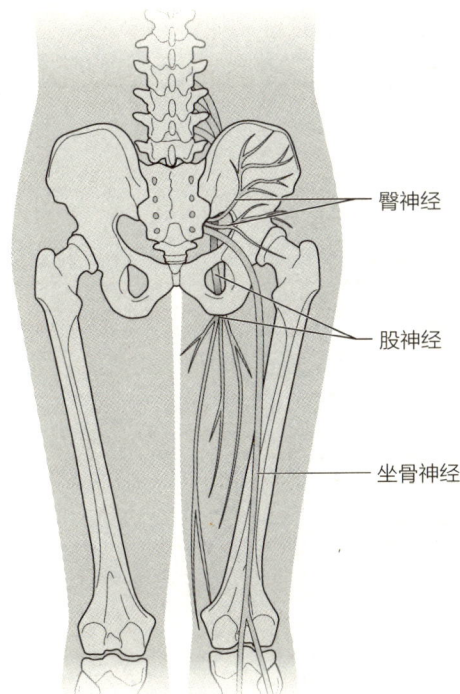

由于梨状肌内有一条大神经（坐骨神经），如果梨状肌变得紧张，或者靠近它时（见图3.7），问题就会很麻烦。坐骨神经差不多是小指那么厚，是控制下肢的主要神经。当这个神经在梨状肌内被压迫时，你会感觉到臀部、腿部后面以及膝盖里面是麻木的，且伴随着疼痛。值得一提的是，如果坐骨神经在梨状肌内被紧压，疼痛的部位不会低于膝盖。

如果你感觉到足部麻木、疼痛或者刺痛感，这意味着坐骨神经在脊椎内被紧压。如果你不确定是哪个部位，强烈建议你在进行泡沫轴滚压前与你的医生沟通。如果是梨状肌引起的挤压，进行泡沫轴滚压或许是一个极佳的缓解紧张的方式。禁用棒球类等超硬的令人难受的物进行滚压。当整个身体的重量处于一个小而硬的物体上，而还会有重要的神经经过这个部位时，不建议你只是长时间地躺在那里，最多不要超过一分钟。

臀神经

股神经

坐骨神经

图3.7　坐骨神经

腹部

腹部是敏感部位，但是，和腹部上面的区域大体类似，可以用泡沫轴进行滚压，但是也要十分小心。尽管腹部远离颈部等区域，但是腹部器官也会受到很大的压力。一个粗略的腹部示意图（见图3.8）显示出每个可能会受到伤害的器官。一些滚压课程可能会建议在此部位上进行泡沫轴滚压，但是本书不会建议你使用泡沫轴在腹部周围的任何部位进行滚压。如果慢慢滚压，可能是安全的，前提是使用合适的滚压器材。

最安全的处理方法仍然是去咨询有资格认证的医生或者治疗师。

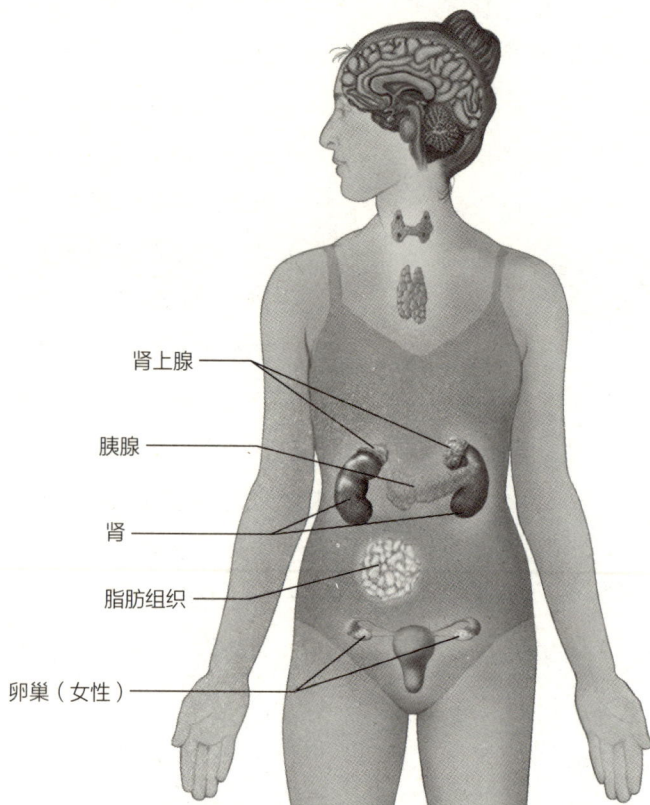

肾上腺

胰腺

肾

脂肪组织

卵巢（女性）

图 3.8　腹部器官

　　如果你遵循基本的指导原则，泡沫轴滚压是比较安全的。人体有较强的适应力，但是之前提到过的敏感区域需要小心谨慎地进行滚压，并且在感觉到任何不适时要及时停止。

不是疼痛的问题

　　在谷歌上搜索关于泡沫轴（仅仅是以泡沫或者轴作为关键词）的信息，不到70秒就能搜到400万条结果。搜索结果里有一些关于泡沫轴的有趣产品和建议，比如用钢管、铁棒、PVC管，甚至是房间里任何圆形的东西进行滚压。

　　"万能灵药包治百病"方法在医疗领域已经沿用了很多年。几百年前甚至是几千年前，不管你是患有偏头痛的埃及人，还是感冒发烧的希腊人，医生在对你进行治疗时首先尝试的特别治疗方法是：放血。放血据认为是起源于古希腊，大多数情况下，是让身体排出较多的血。医生会割破动脉或者静脉以放出血液，这样做据认为可以去除身体疾病。这种方法并不是完全错误：身体失血会促进自身产生更多新的健康血液。然而，利用放血疗法去治疗喉咙痛则完全是天方夜谭。

介绍放血的意义在于说明我们不是身处于18世纪。如今，我们有更先进的产品和技术。安全运用泡沫轴进行滚压时，不再是随便找到的木棒、圆石、木杆或一截钢管。钢管和PVC管不是用来压迫身体的，那会导致明显的组织损伤。进行滚压的目的也不是给你带来更多疼痛，而是帮助你的身体更好地运动，获得更好的感觉。因此我们要去找一些专门为滚压而设计的器材，购买正规公司研究开发与生产的产品。

不要试图滚压他人

除非你是有资格认证的按摩师或医生，否则不要去滚压其他人。这看起来没什么问题，但是你了解了本书前面讨论的观点后，就会了解到有太多需要避免的问题。你感觉良好并不代表你的朋友感觉良好，你不能感受你朋友的感觉。所以你可能会大力挤压颈部神经（臂神经丛），你的朋友可能不知道如何告诉你停止，甚至不知道他的手指感觉到麻木是不正常的感觉。

在进行泡沫轴滚压期间，最重要的是你能确保自己的安全，并保持一颗学习的心。如果你不知道自己身体发生了什么，这没有关系。许多医生在大学里面至少要学习8年，才能完全了解人体。如果你身体出现了你不了解的情况，或者在进行泡沫轴滚压时感到不舒服，请先与受过高级专业教育的人士沟通。互联网资源巨大，但是信息混杂，你不能确保你所阅读的信息适合你。所以在需要时可寻求适度的帮助。

第4章

泡沫轴滚压的器材

泡沫轴滚压已经成为健康、健身、体育运动，甚至一些医学领域（如物理治疗）发展速度最快的趋势之一。走进任何一家健身俱乐部或物理治疗诊所，你都能看到各种类型的泡沫轴滚压器。这些器材有可能不是泡沫制成的，但其设计目的是相同的。

"泡沫轴滚压"这一术语已经和自我肌筋膜放松相关联，并且经常与其互换使用。但是，许多有效的自我肌筋膜放松器材是由塑料、木头和硬橡胶制成的。而由压缩泡沫制成的滚压器则更受欢迎，因为相对来说价格比较便宜，也比较容易上手。

本章介绍一些市场上较为流行的器材。尽管介绍的器材类型比较全面，但依然未覆盖全部类型。值得期待的是，你可以根据本章的介绍，选定一种适合自己的器材。

多模式设计的泡沫轴

图4.1展示的是多模式设计的泡沫轴，是目前市场上最受欢迎的泡沫轴之一。这种泡沫轴由EVA泡沫和PVC核制成，提升了耐用性和强度。这种类型的滚压器通常有很多尺寸，从最长的36英寸到最短的6英寸。最受欢迎的往往是适中的尺寸。各种尺寸可以满足个体的不同需求。较长的滚压器适用于那些刚开始进

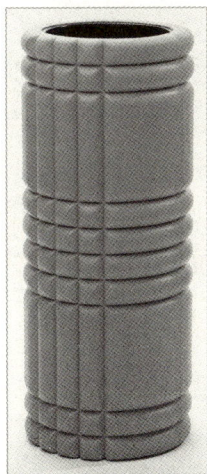

图4.1 多模式设计的泡沫轴

滚压器材的发展史

正如本书多次提及，泡沫轴滚压最开始是一种模仿按摩的练习方法。此处重申这一点的原因是在讨论实践应用时，你应该像按摩治疗师一样思考，并且记住这项练习的根源已经存在很长时间了。虽然这不是完整确切的泡沫轴滚压历史，但是我花了很多时间研究有关按摩滚压器的各种专利（见图4.2）。

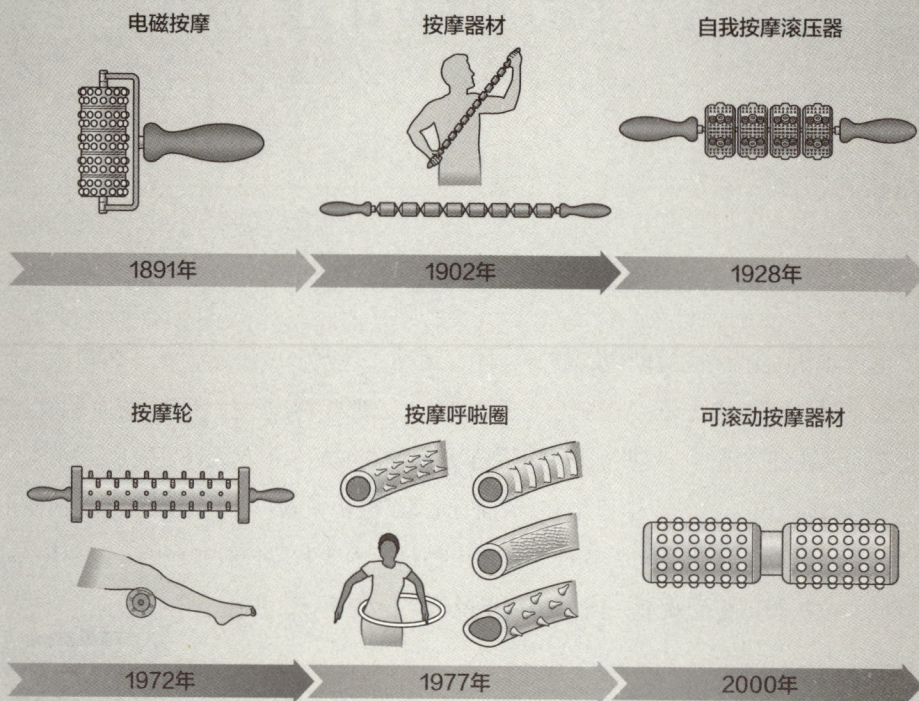

图4.2　滚压器材的发展史

除了上述所有官方专利，我还认识一些临床医生和治疗师，他们声称已经使用泡沫轴滚压器材超过40年。例如，有位治疗师告诉我，在20世纪70年代，他从桌子上切割下一根波浪形的桌腿，为他的患者进行滚压。幸运的是，如今我们不需要把桌腿当作滚压器材。泡沫轴滚压行业发展迅速，可以给运动员、健身爱好者、医生等每个有需要的个体提供便于使用、有效且符合他们预算的泡沫轴滚压器材。

行泡沫轴滚压，以及需要额外稳定性的人。长度适中的滚压器是大部分个体的极佳选择。许多人选择这类滚压器并带到健身俱乐部里使用。这种滚压器恰好可以装进健身包，甚至可以作为随身行李带上飞机。但这个特征也带来一些坏处：导致其经常会在健身房里丢失。

多模式是最先被引入市场的泡沫轴设计之一。如今几乎每个泡沫轴都有一些此类设计的痕迹。泡沫的密度相同，但是各部分尺寸不同，对身体造成的压力也是不一样的。这种设计很有前瞻性，后来也获得了半数研究的支持。带网格状凸起的泡沫轴于2006年推出，后来，研究人员库伦、费奥瑞安德和克里斯科（Curran, Fioreand & Crisco, 2008）发现，这种带有不同表面凸起的泡沫轴比光滑、常规的表面更有效。关于这种泡沫轴的观点，还没有研究予以证实，但是目前有很多案例表明，不少个体会将其与常规滚压器进行比较。就在写作本书的时候，在美国大多数大学里面进行的研究表明，带有网格设计的滚压器比其他滚压器感觉更好。

高硬密度的泡沫轴

图4.3展示的是高硬密度的泡沫轴，其设计和柔软型滚压器类似，可当作柔软型滚压器的进阶版。密度增加意味着在相同的压力下，泡沫轴可以对更深层的组织产生影响。刚开始进行泡沫轴滚压时，这种滚压器通常不适用，因为会引起人体不适。如果你从不想使用泡沫轴，你就不可能养成泡沫轴滚压的习惯。另外，这种类型的滚压器已经被证明对某些身体组织来说可能压力有些过大。比如，滚压腿部外侧（髂胫束）可能会造成严重的损伤。如果你可以选择，不同的身体部位应使用不同的滚压器。

图4.3 高硬密度的泡沫轴

有振动技术的泡沫轴

振动技术最近才引入泡沫轴（见图4.4）。振动可以通过不同的方式对肌肉和组织产生影响。许多振动泡沫轴都设置了不同的振动速度，来达成不同的目标。低频率振动的放松效果好，高频率振动的刺激效果比较好。我开展了几个初步研究，发现多种类型的振动泡沫轴都具有各个振动频率。唯一的缺点是价格：除非你能发现某个商店在打折，否则振动泡沫轴的零售价格一般为99美元至199美元。当然，我们也明白在振动泡沫轴的研究和发展中已经投入了大量的时间和金钱。因此，如果你负担得起一个振动泡沫轴，你可以确定得到了一个经过可靠研究的高品质产品。

图4.4 有振动技术的泡沫轴

尺寸更小、密度更大的滚压器

如果我必须要选择一个使用简便、有效、便携的工具，我比较倾向于如图4.5所示的滚压器。许多这种类型的滚压器中间由钢管支撑，外包一层易于抓取的特殊材质。这是所有的泡沫轴滚压产品都必须具备的重要特征。当被按压在肌肉上时，滚压器要缓慢移动，以保证肌肉受力均匀。当按照本书的具体方案进行滚压时，滚压器可以更好地调动并放松特定的肌肉。另外，这种滚压器相对来说更靠近地面，这和其他大多数直径为5~7英寸的滚压器不同。因此当滚压到更柔软的股四头肌区域时，你可以躺下以更好地放松，并减少滚压器上的压力。

图4.5 尺寸更小、密度更大的滚压器

按 摩 球

另一个极为有效的工具是按摩球（见图4.6）。这种工具具有各种尺寸和密度，可以满足任何人的需求。和其他滚压器一样，不同的密度可以对不同层次的组织产生影响。较硬的按摩球能影响更深层的肌肉组织。它既可以作为软型滚压器的进阶版，也可以用于较难滚压到的组织。正如之前所述，重要的是需要认识到，合适的按摩球应该对肌肉产生一致的影响。这样才能更有效地保证肌肉和筋膜滚压后获得好的结果，并降低周围神经承受太大压力的概率。很多时候有人会用长曲棍球和高尔夫球作为滚压器，但是值得注意的是，这些工具的密度更高、材质更硬。因为密度增加和尺寸的减小，在某个部位上直接施加的压力会增大。另外，滚压器没有弹性是不可饶恕的缺点。因此，使用体育器材作为滚压器，可能有效，但是会加大受伤的风险。

图4.6　按摩球

按 摩 棒

按摩棒是手持滚压器，是用来滚压上半身的器材。和其他滚压器一样，这种器材也有不同的密度，以满足不同人群的需求。

图4.7是常见的一种类型，是由一块坚固的泡沫制成的，中间则是坚固的钢管。坚固的泡沫允许特定技术（如按压和拖拽）的使用。使用多片设计的手持滚压器不太容易执行这些技术。另外，把手被称为"尖锐抓取物"，起初看起来只是一种符合人体工程学的简单设计。但是，这种把手实际上是按照人类大拇指模型设计而成的。这种设

计对于目的性更明确的人员来说非常棒，允许他们直接在有问题的肌肉区域安全地施加压力。这种把手同样也是由一种黏性更强的橡胶制成的，以使滚压富有较好的效果。橡胶的黏性能够让滚压器更有效地附着组织，让滚压技术更加符合肌筋膜放松技术，比如拖拽技术。

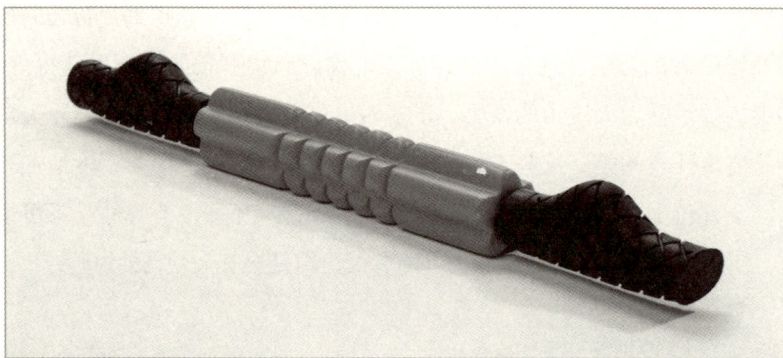

图4.7　人体工程学按摩棒

　　另一种常见的按摩棒具有更符合人体工程学的设计。这种按摩棒能在肌肉附近弯曲，从而让肌肉受力均匀（见图4.8）。虽然我从来没有看到有研究支持上述说法，但是这确实是很不错的想法。你用上身力量按摩棒，按摩棒会弯曲，使身体肌肉组织受力均匀。虽然这种按摩棒不是硬质的，但是却很耐用。如果你将它折断了或使它永久地弯曲了，那很有可能是你做了本不该做的事情。

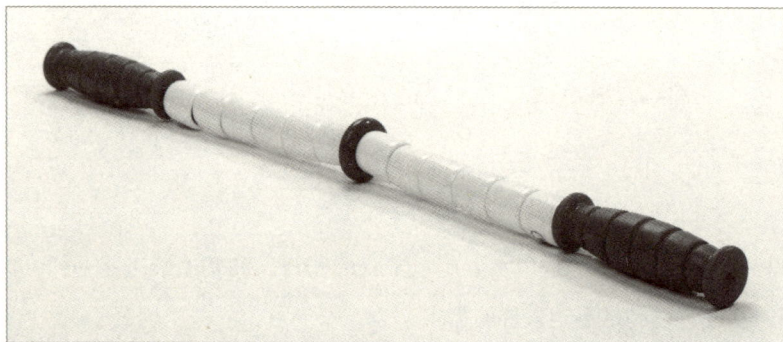

图4.8　可弯曲的按摩棒

图4.9展示的是另一种比较受欢迎的按摩棒。这种滚压器不能弯曲，中间部分是相连的整体。它由软型滚压器演变而来，但是仍然可以实施一些拖拽动作。

图4.9 不可弯曲的按摩棒

深层组织滚压器

许多人都想滚压更深层的组织。这些类型的滚压器表面都有轮廓明显隆起的结节（见图4.10）。用这种类型的滚压器来滚压组织，很多人都不了解怎么使用。通常情况下，需要有经验丰富的专业人士来教授你如何正确使用这种滚压器。

这种滚压器如果使用得当，会影响深层组织。这意味着在滚压时必须缓慢且有条不紊，要辨别受限的组织并放松这些组织。这种滚压器在深层肌肉常出现问题的多肉部位使用效果最佳。两个比较重要的部位是小腿肌肉和臀肌。当对这些部位进行滚压时，不能按照自己设定的速度来上下滚压。你必须缓慢滚压，频繁变换位置，在你想滚压的任何位置进行滚压。然后，一旦你发现，在滚压有些部位时，你会因疼痛而喊出"啊，疼"的叫声，你就需要躺下放松。

图4.10 深层组织滚压器

最后一个你必须要考虑的因素是，如果滚压器表面上的隆起很高，在滚压时是否会有一些肌肉和组织没有被滚压到。在进行泡沫轴滚压时，最重要的一个环节是辨别肌肉结节、粘连及扳机点，并在这些部位上施加压力。某些情况下，这些粘连组织可能相隔只有几毫米，或者位于肌肉中很隐蔽的位置。在开放的区域中进行滚压，意味着你并不知道滚压器隆起应该摆放的准确位置，因此你可能会错过很多肌肉组织。你错过的部位有可能就是有问题的区域。因此我建议你至少先从一种平整的滚压器开始，去滚压身体的整个区域。在找到一些肌肉结节和粘连的地方后，再使用深层组织滚压器。

基本的压缩泡沫轴

老式压缩泡沫轴是所有滚压器的起源。这是为泡沫轴滚压大规模生产和销售的最原始的泡沫轴（见图4.11）。这种滚压器好像是按照游泳棒的模型制作的，因为二者的外观很像。对于各种滚压器，都有很多支持和反对的声音，只有自己喜欢才是最重要的。然而，这种滚压器对于从来没有做过泡沫轴滚压的人而言，可能是很好的开始。其中一个缺点是，如果你只有这一种滚压器，你的身体就会很快适应它，需要投资其他滚压器。另一个缺点是，如果有很多人使用，滚压器很容易损坏，而且很容易变脏。大多数情况下，这种滚压器需一月一换。这种滚压器的尺寸很多，且把它改成你想要的尺寸很容易，买一个也很便宜。

图4.11 基本的压缩泡沫轴

滚压时尽量保持舒适

　　泡沫轴滚压本来就会让人有一点不舒服，因此我建议你在地毯上进行滚压，这样会更加舒适。这应该根据个人喜好而定，但是如果在地毯上进行滚压，我还建议你不要选择那种特别厚的地毯。记住，大多数泡沫轴滚压都在地上进行，并且需要你横躺在泡沫轴上。假如你在一个特别柔软的地毯上，泡沫轴会陷进地毯之中，这样你身上的受力就很小。我建议使用瑜伽垫，因为厚度适中，且能稳定支撑滚压器，在进行泡沫轴滚压时有很大的优势。

　　选择哪种滚压器完全取决于你的个人喜好，会有各种不同滚压器的原因是因为每个人的需求都是不同的。在你购买一个滚压器之前，你可以去尝试各种不同的滚压器。你能在任何体育用品店、塔吉特（Target）、沃尔玛（Walmart）及各个专业运动用品店（如跑步用品店和赛车用品店），找到泡沫轴的身影。滚压器确实各有不同，但其对滚压效果的影响没有滚压技巧那么大。当你想在户外滚压时，不要忘记随身携带一个较薄的垫子。

第2部分

技　巧

第5章

足部和小腿

　　足部和小腿是人体重要的两个部位。足部是人体运动的基础或平台。患有足部或脚踝疼痛的人都了解足部对身体其他部位功能的影响程度。在美国，每年有超过两百万人饱受足部疼痛和损伤的影响（Martin et al., 2014）。另外，库克和同事们（Cooke et al., 2003）认为，在英国的急诊中心，每天要接待大约5 600例脚踝扭伤的病人。小腿肌肉和整个身体紧密相关。小腿肌肉与足部相连，并且其中一部分贯穿整个膝关节。这就意味着它们会影响脚踝和膝盖。你必须考虑到身体在不断调整姿势，以使重心维持在支撑底面的上方。足部是支撑的基础，假如足部和脚踝出现问题，身体的其他部位也会受影响。

足　　部

　　泡沫轴滚压可以显著缓解足部的疲劳和疼痛感。另外，泡沫轴滚压有助于身体更好地运动。事实上，研究人员格里夫和同事们（Grieve et al., 2005）发现，以泡沫轴滚压的形式在足部进行自我肌筋膜放松时，可以提升腘绳肌和下背部的柔韧性。这表明足部确实会对身体其他部位产生影响。为了更好地理解如何在足部使用泡沫轴滚压，你必须先了解足部的结构。

足部的基本解剖结构

　　足部由一组复杂的骨头和关节构成，在进行走路、跑步、跳跃以及其他大部分运动时，承受整个身体的重量。足部有26块骨头、约33处关节、20块与足部分离的小肌肉及超过100条会对足部运动产生一定影响的肌肉和韧带。尽管足部的所有移动结构都很重要，但是本书主要关注足中部（见图5.1）。这个部位是许多肌肉连接以支撑足弓的部位，也是泡沫轴滚压效果最佳的部位。

　　人体大约有600块肌肉，其中1/6的肌肉都直接或间接地与足部有关联，因此这部分的重要性显而易见。另外，足部有很厚的结缔组织层（跖筋膜）、血管及100 000~200 000（这是研究人员估计的数字）条神经。所有这些结构让足部很容易受伤，也会增加足部出现问题的概率，并会导致膝盖疾病，还可能会导致下背部疼痛，某些情况下甚至会导致颈部和肩部紧绷。

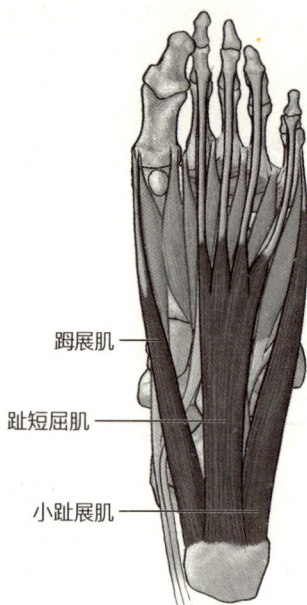

蹞展肌

趾短屈肌

小趾展肌

图5.1　足中部肌肉

足部的功能

　　足部极具策略性的设计不仅让其有足够的柔韧性应对冲击力，而且也足够强壮，因此，足部可以在我们走路或跑步时作为一种杠杆，以推动身体向前移动。纽曼教授（Neumann, 2010）认为，健康的足部会对下体的所有肌肉提供保护和反馈。足部是支撑的基础，天然的曲线和结构让足部可以吸收冲击力，并稳定身体的其余部位。足部可以完成不计其数的各种动作。如果这个动作数量还不够大，我们同样也需要纳入关节在不同平面上的动作，两者共同工作使我们可以在倾斜度不同的山上步行上下、跑步、从高处跳下，并且帮助身体的其余部位对不同的动作产生有效的相应反应。正如生物力学家鲍曼（Bowman, 2011）所说："正是因为人类有了足部，所以整个世界都是平的。"足部必须保持正常工作，才能让身体保持健康并有效地移动。

对滚压足部的支持和反对意见

我们有很多滚压足部的理由，当然也有很多不能滚压的理由。如果你正处于患病期，在进行泡沫轴滚压项目之前先咨询你的医生。

一般情况下，一天长时间行走，或者足部长时间挤在高跟尖头的鞋子里面感到不适，足部就是最佳滚压部位。许多鞋子迫使足部长时间处于一个姿势，不允许足部移动或者与地面接触（是的，你的足部喜欢踩在草地和泥土上的感觉）。这并不意味着每个人都要赤脚跑步（人类不应该赤脚行走），但是在足部挤进一个狭小的鞋子之前或之后进行滚压，对足部来说非常有益。

另外，有些情况下并不适合对足部进行泡沫轴滚压。第一个就是跖筋膜炎症。跖筋膜炎是一种功能衰弱的表现，能引起脚跟突发急性疼痛，每年有超过一百万人为此就医。和大多数损伤一样，跖筋膜炎被归为过度使用损伤，也就是说，由于某些原因，足底部（跖筋膜）的结缔组织被重复施压，引发炎症和疼痛。仅仅是脚踝周围的肌肉紧绷，或者是深植于髋部周围的肌肉出现问题，都能引起上述炎症。在医学领域，"发炎"的意思是指炎症类的症状。那么，问题是：当足部已经被刺激或者发炎的情况下，你应该滚压足部吗？目前还没有明确的答案，但是这主要取决于你用什么工具进行滚压。如果你诊断出患有跖筋膜炎，我建议你不要用高尔夫球、曲棍球或者任何小且硬的物体进行滚压。假如足部已经被刺激发炎，你为什么要用一些物体挤压足部呢？这只会让其更加糟糕。

然而，假如你的方法是用一种较为柔软的物体进行滚压，比如大而软的滚压器，那么我建议你直接进行滚压。较软、较大的滚压器有助于提升组织液的流动性，有可能会减轻疼痛。当你早上醒来，跖筋膜炎症疼痛的原因之一，是组织液已经积累了一个晚上。因此，起床之前进行一些柔和的滚压，大有裨益。

足部泡沫轴滚压技巧

为确认每一处敏感点，开始时应以1英寸/秒的速度缓慢滚压。敏感点是你感觉到疼痛或不舒服的地方。根据一般的经验规则，疼痛等级为1级（没有疼痛）到10级（可想象的最疼的等级），寻找疼痛等级为5~8级的敏感点。疼痛等级低于5级的点，不适感还未达到需要进行针对性滚压的程度。疼痛等级超过8级的点，则因过度疼痛而不适合进行针对性滚压。这些敏感点意味着存在粘连、结节或扳机点。

　　一旦确认了敏感点，放松正在滚压的肌肉，然后伴随着放松呼吸。通常情况下这个过程持续30~60秒，或者直到你感觉到敏感度下降为止。然后，再进行一些小的额外动作。每一个额外动作都不同，这取决于正在被滚压的身体部位，但是大多数都遵循相同的模式——按压并拉伸肌肉。通过施压及把关节向滚压器移动，你就能按压并拉伸肌肉。千万不要快速上下滚压。

按摩球滚压足底部

　　利用按摩球按摩足底部可以让你获得更好的效果，因为球会在一个点上施加更大的压力，一般泡沫轴是在较大的范围内滚压，施加的压力相对较小。目标部位的面积小，应该直接滚压足中部的小骨和肌肉。然而，如果你的足部很敏感，并确诊患有足部疾病，又是刚开始进行泡沫轴滚压，则建议使用较大的泡沫轴。球的硬度视个人情况而定。如果想强度更大，就用硬一点的球；要想强度较小，就用软一点的球。滚压足部最简单的一件事情是，你可以轻易控制按摩球承载你体重的比重。换言之，如果你想用较硬的物体，你应该施加较小的压力。我建议使用专为足部设计的按摩球，而不是使用类似高尔夫球的物体。这可能会花点钱，但是是值得的。按摩球的直径一般为1.5~2.5英寸。

　　按摩球应放在较为平滑的表面上。不管是站着还是坐着，你都能进行滚压，但是坐着更加舒服，而且你更容易控制施加在球上的压力大小。足部放在按摩球上。开始时按摩球要位于足部内侧。然后，以大约1英寸/秒的速度向前缓慢移动足部，直到按摩球滚压至脚跟（见图5.2a）。如果在滚压时你感觉到了敏感点，停在这个部位并持续施压大概30秒，直到敏感度降低。不要滚压脚跟，只滚压脚跟前面的部位。然后，缓慢地往反方向滚压。缓慢地前后滚压，重复四次这个过程。第四次结束之后，将按摩球置于靠近脚趾的地方（开始位置），然后进行四趾伸展，把脚趾尽量抬高，然后放下（见图5.2b）。下一步，把按摩球置于足部中间，脚掌的后面。前后缓慢地滚压，重复四次，同时伸展脚趾。最后，把按摩球放在足部外侧、脚掌的后面，重复上述过程。

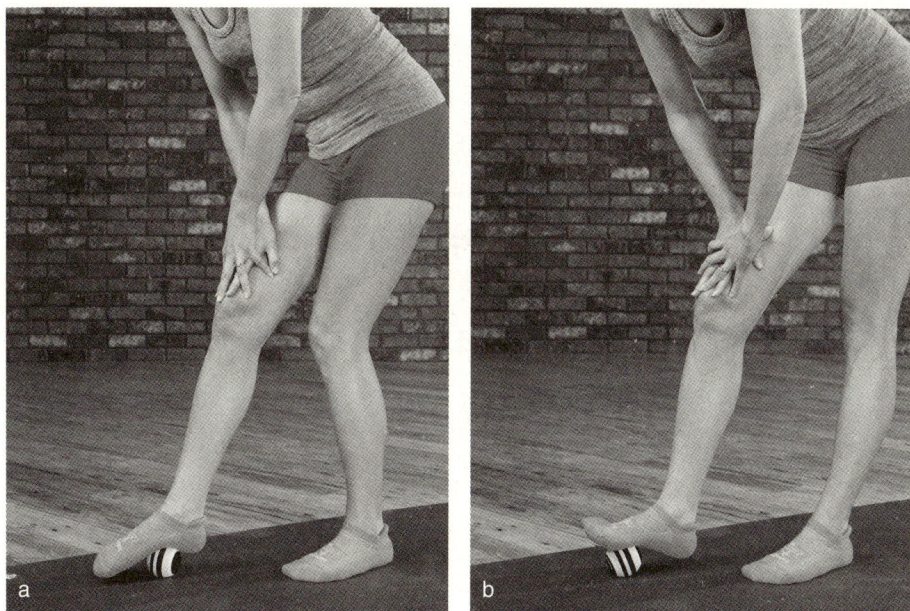

图5.2　按摩球滚压足底部：a. 前后滚压；b. 脚趾屈曲和伸展

泡沫轴滚压足底部

刚开始时如果没有按摩球，或者按摩球提供的压力太大，那么最好使用泡沫轴。直径较大的泡沫轴可以影响皮肤表面的肌肉和结缔组织，而不是深层肌肉和组织。如果你足部有损伤，这种浅层泡沫轴滚压方法最为合适。足部情况复杂，滚压足部的目的可能是促进血液流动，而不是放松深层组织。常规泡沫轴就可以达到这个目的，并且还能迅速减轻不适感。

开始时将泡沫轴置于平滑的表面上，不管是站着还是坐着，你都能进行滚压，但是坐着更加舒服，并且更容易控制压力的大小。将足部置于泡沫轴上面。泡沫轴应足以触压你滚压的大部分区域。滚压过程会涉及一些小的动作。以1英寸/秒的速度向前移动足部，泡沫轴会滚向脚跟（见图5.3a）。如果你发现了敏感点，停在这个部位并持续施压30秒，直到敏感度降低。不要滚压脚跟，只滚压脚跟前面的部位。然后，缓慢地往反方向滚压。缓慢地前后滚压，重复四次这个过程。在第四次滚压后，将泡沫轴置于靠近脚趾的地方（开始位置），并侧向扭动足部（见图5.3b），进行四次这个动作。由于泡沫轴触压了大部分区域，你只需要重复上述过程两次即可。

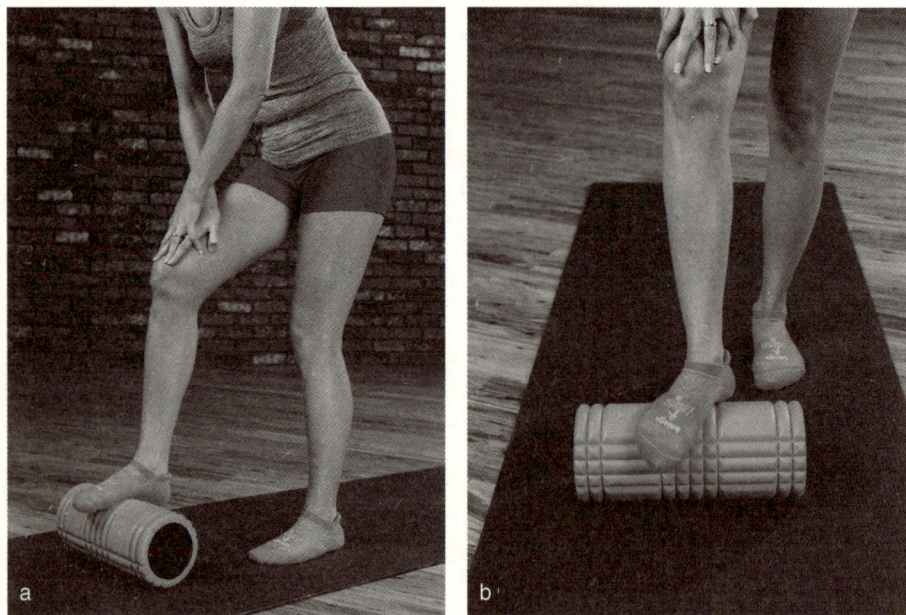

图5.3 泡沫轴滚压足底部：a. 前后滚压；b. 侧向扭动

小　腿

　　足部是身体的重要部位，对身体感觉和运动的方式有着重要的影响。然而，很多控制足部的肌肉位于小腿。小腿肌肉就通过结缔组织与足部相连。因此，如果小腿肌肉不能正常工作，那么足部和身体其余部位都将付出代价。

小腿的基本解剖结构

　　小腿是位于膝盖和脚踝之间的部位。为了达到泡沫轴滚压的目的，本书将讨论在小腿后侧和小腿外侧延伸的肌肉（如腓骨肌）。小腿肌肉常处于极大的压力和紧张状态之下。

　　小腿后侧有很多肌肉（见图5.4）。小腿肌肉可分为两个不同的部分：深层肌肉和浅层肌肉。深层肌肉包括靠近骨骼的肌肉，也许你能猜到，浅层肌肉则包含靠近皮肤（表层）的肌肉。

　　深层部分包括胫骨后肌、姆长屈肌、趾长屈肌和姆短屈肌。你可能不需要记住这些肌肉的名称，但是你应该记住，这些肌肉大部分与脚趾相连。因此，当你用泡沫轴滚压小腿时，会对足部产生良好的作用。浅层部分包含腓肠肌和比目鱼肌。同样，你还是不需要记住这些肌肉的名称，但是你要知道这些肌肉不与脚趾相连，而与足部相连。腓肠肌和比目鱼肌与一个非常厚的肌腱相连，该肌腱被称为跟腱。跟腱是人体最厚且最有力的结缔组织之一。它与跟骨、周围的跖筋膜（足底部结缔组织）及两块小腿肌肉相连。跟腱被认为是维持人类跑步能力的最重要的因素。它里面有厚厚的一层胶原蛋白，几乎没有血液流动，以免这个部位变形，并能更有效地储存能量。但是，由于缺乏血液流动，倘若跟腱出现问题，比如跟腱炎之类的疾病，就很难医治。因此，在小腿进行泡沫轴滚压，可以确保跟腱有充分的血液和组织液流动，以预防跟腱炎的发生。

跖肌

腓肠肌（内侧头）

腓肠肌（外侧头）

跟腱

表层后视图

跖肌

腘肌

比目鱼肌

跟腱

姆长屈肌

腓骨长肌

屈肌支撑带

腓骨短肌

中层后视图

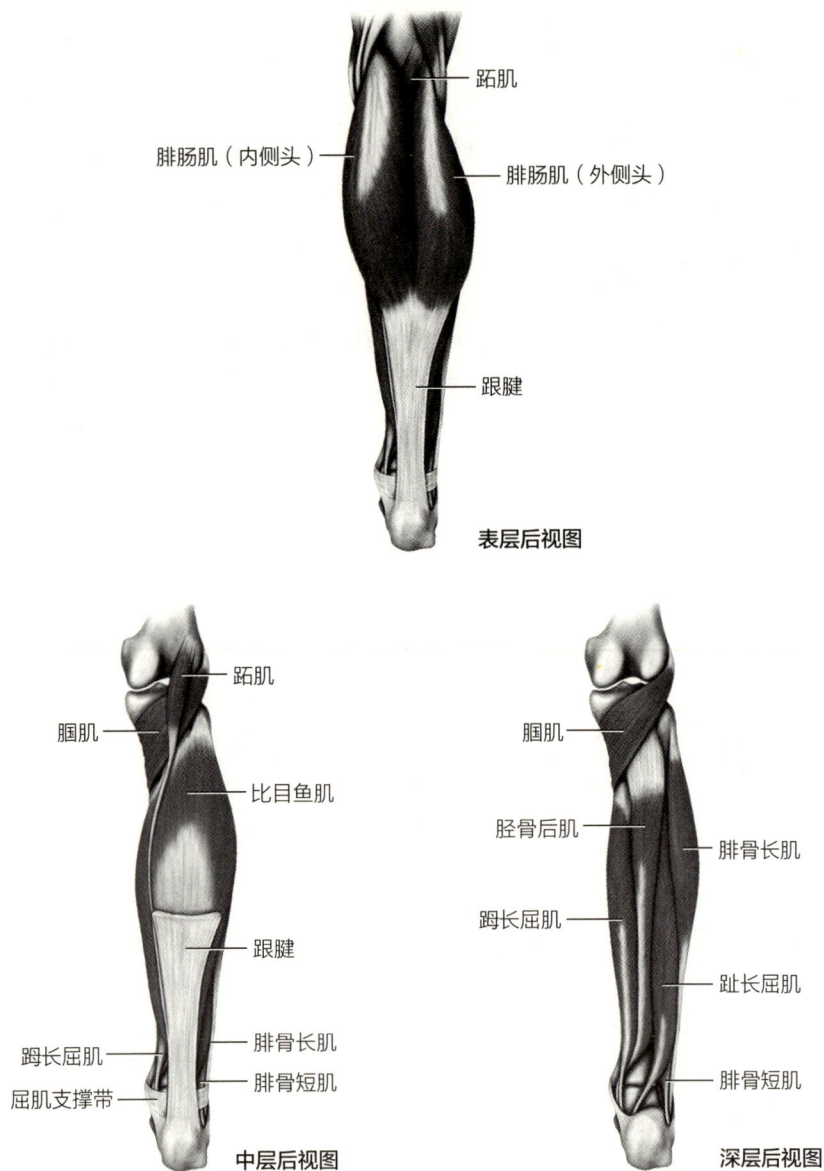

图5.4 小腿肌肉

腘肌

胫骨后肌

腓骨长肌

姆长屈肌

趾长屈肌

腓骨短肌

深层后视图

小腿的功能

　　小腿有推动人体前进的功能。这个部位的肌肉与足部相连，很多肌肉都往上延伸与膝盖相连。这种结构又牵动脚趾，形成杠杆运动机制，推动身体向上、向前移动。小腿肌肉的耐力很好，爆发力也很充足。因此，它们有助于维持正常的姿势。如果这些肌肉能正常拉伸或缩短，那么就有助于提升运动表现水平，降低受伤的概率。

和足部类似，我们所穿的鞋子的类型、脚踝的姿势，甚至我们走路的方式都能影响这些肌肉。可以想象一个人走路时步履蹒跚的样子。人体会使用有力的臀肌来伸展髋部，同时强有力的股四头肌会伸展膝盖，且小腿肌肉会伸展脚踝。这些部位一起工作不仅可以使身体向前运动，还能让身体向上运动。我们以这种方式行走和上下移动，目的是储存肌肉和其他结缔组织中的弹性能量，这样我们的行走才极其高效。然而，当你走路时步履蹒跚，臀大肌就不能正常发挥作用，其他肌肉也不能按照我们大脑的指示工作，也就是说小腿肌肉必须更加努力地工作，从而导致整个小腿不能保持理想的姿势。这种情况下，很可能会加剧甚至引发很多问题，如跖筋膜炎和脚踝扭伤。时间一长，这些肌肉会缩短，导致更加严重的问题。为了能正确运动，脚踝必须背屈，让膝盖向前移动，这样身体的其余部位才能有效移动。

对滚压小腿的支持和反对意见

小腿肌肉影响脚踝的运动。脚踝是靠近地面的最大的关节之一，如果它不能正确移动，大部分上身移动起来也同样困难。现代社会中，很多人在走路时并不把脚伸直，但是足部就是为此目的而设计的。当脚伸直时，身体自然可以稳定，并以正确的方式支撑足部和小腿。然而，如果小腿肌肉失去了正确伸展的能力，那么足部就会补偿小腿肌肉失去的那部分能力。通常情况下，足部会以扁平态来进行补偿。当然，一些人天生就是扁平足，这意味着骨骼并不能支撑整个足弓。然而，大多数人的扁平足问题，都是由肌肉功能问题导致的。但是特别奇怪的是，人们往往认为这是小腿肌肉的问题。

小腿肌肉缩短是造成下背部疼痛等问题的根源。当我们每天进行日常活动时，比如下蹲，脚踝、膝盖、髋部应该一起运动，这是为了让本应该工作的肌肉各司其职，让本不工作的肌肉保持放松或者呈稳定状态。然而，如果脚踝不能正常工作，这会改变各个部位的所有动作，会对下背部等区域施加异常的负荷。因此，利用泡沫轴滚压小腿肌肉，能有助于减轻或者防止下背部疼痛。

当然，也有不能滚压小腿的情况。如果患有静脉曲张，你仍要执意滚压，则必须小心谨慎。正如第3章中所解释的内容，通常情况下不建议直接滚压静脉曲张的区域，但是可以在其周围进行滚压。另外，要注意糖尿病病人的小腿是否有日益严重的可见的红肿情况。在某些情况下，建议尝试一些力度柔和的按摩，但是，还是那句话，先咨询医生。

小腿泡沫轴滚压技巧

刚开始，以大约1英寸/秒的速度缓慢滚压小腿区域，以找到敏感点。敏感点是你感觉到疼痛或不舒服的地方。按照一般规则，从1级（没有疼痛）到10级（想象中最疼的等级）来划分疼痛的等级，找到疼痛等级为5~8级的区域。疼痛等级低于5级的部位，还不需要进行针对性滚压，而疼痛等级大于8级的任何部位，则因过度疼痛而不适合进行针对性滚压。这些敏感的部位意味着存在粘连、结节或扳机点。

一旦确认了敏感点，放松正在滚压的肌肉，然后伴随着放松呼吸。通常情况下这个过程持续30~60秒，或者直到你感觉到敏感度下降为止。然后，再进行一些小的额外动作。虽然每一个额外动作都不同，这取决于正在滚压的身体部位，但是大多数都遵循相同的模式——按压并拉伸肌肉。通过施压及把关节向滚压器移动，你就能按压并拉伸肌肉。千万不要快速上下滚压。

泡沫轴滚压小腿后侧

与足部不同，在滚压小腿时，很难控制好滚压器的压力。因此，我建议开始时先使用较大、较软的滚压器，然后再慢慢进阶到较硬的泡沫轴。使用泡沫轴对小腿进行滚压时，可以兼顾到本章提到的所有肌肉。我们回顾一下，肌肉从本质上可以分成两个部分：一部分在浅层，另一部分在深层。常规泡沫轴更适用于浅层肌肉，所有位于小腿区域的肌肉都能受益。我建议每个人都应该滚压小腿。不管是否有膝盖疼痛或颈部紧张，大多数人的小腿肌肉都会变得短且紧绷。假如你每天都能花几分钟滚压小腿，就能够提高你的运动效率，并减轻持续的疼痛。

开始时，坐在舒适的地面上。在地面上滚压的效果通常都很好。然而，假如你不能坐在地面上，那么可以把两个椅子并排摆放，或者用一条长凳。一条腿放在滚压器上，使滚压器位于脚踝下方。如果你想压力更大一些，可以把对侧腿放在最上面。如果那样感觉压力太大，就不要放上对侧腿。滚压的时候足部保持放松。双手放于髋部的后面，手指指向身体外侧。为了进行滚压，你需要把髋部抬离地面。不需要抬太高，但是高度应足以让你的身体能向前移动为止。抬高髋部，开始以1英寸/秒的速度缓慢地向前移动身体（见图5.5a）。记住，如果你发现了敏感点，停在这个部位并持续施压30秒。保持施压的同时，髋部可以放回地面，但要保持来自另一条腿的压力不变。敏感度降低后，缓慢地上下滚压肌肉，重复四次。然后，将泡沫轴置于小腿中央，重复四次侧向滚压（见图5.5b）。同时完成这些动作能降低肌肉的紧张度，并增加这个区域的动作幅度。

如果你想增加一点压力，或者你已经持续滚压了几周，你可以进阶至使用更小、更硬的泡沫轴来进行相同的滚压。泡沫轴触压的表面区域越小，就能对更深层的肌肉直接施加压力。另外，较硬的泡沫轴能帮助你滚压更深层的肌肉。记住，可以滚压到更深层的肌肉，但这并不总是你的目标。滚压器的密度和尺寸应该让人感到不舒适，但是不会产生疼痛感。

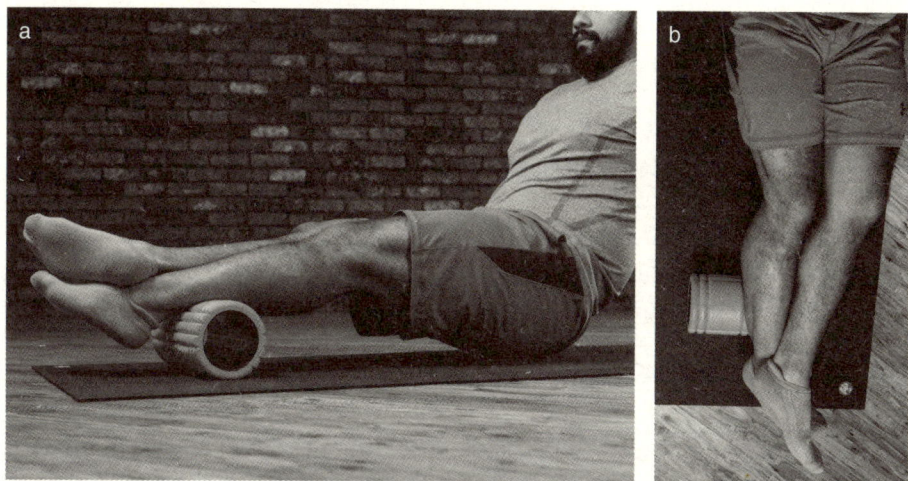

图5.5 泡沫轴滚压小腿后侧：a.前后滚压；b.侧向滚压

小腿外侧练习1

为了能精准滚压小腿外侧肌肉，应选择最适合你的滚压器尺寸。本练习中你需要滚压的肌肉没有小腿后侧肌肉那么厚，但是也很难达到你在小腿后侧滚压时施加的同等压力。因此，你可以尝试更大、更软的滚压器或更小、更硬的滚压器，对比之后确定哪一种更适合你。一定要滚压小腿的整个外侧肌肉，因为靠近脚踝和膝盖的肌肉很可能存在问题。如果你患有脚踝慢性扭伤或膝盖疼痛，你可以从滚压这些肌肉的过程中获益，因为这可以减轻脚踝和膝盖的紧张感，并使其重新恢复正常的运动功能。

坐在舒适的地面上。需要滚压的腿置于身体前方，髋部外旋，让腿的外侧可以平放在地面上。腿放在滚压器上，滚压器要靠近脚踝。如果你想增加一些压力，用手臂向下压。将腿下移几英寸（见图5.6a），缓慢进行滚压。如果你发现敏感点，则持续施压30秒。如果没有敏感点，反方向滚压至脚踝。一次滚压的长度为3~4英寸，以这种姿势滚压这些区域是有技巧的。重复滚压这些部位四次，每秒移动1英寸。四次滚压后，从滚压器的上侧开始反复进行小腿的侧向滚压至滚压器下侧（见图5.6b）。侧向滚压时，滚压器会紧贴衣物或皮肤，产生一种剪切力，对于筋膜放松来说这是一种很有效的方法。重复这个过程，每次滚压几英寸，直至滚压完整个小腿外侧。

图5.6　小腿外侧练习1：a. 前后滚压；b. 侧向滚压

小腿外侧练习2

如果你想将进阶技巧应用于小腿外侧肌肉滚压，那么就完成这个练习，可以使用同一种滚压器，但是身体姿势却有改变。这个姿势可以对滚压器产生较大的压力，如果方法正确，在这个姿势中可以利用核心肌肉来稳定身体。假如你的核心力量达不到基础水平的要求，不建议进行这项练习。但是，如果你力量足够，这是一项有效的技巧，可以作为热身活动的内容，因为这可以有助于放松腓骨肌群，并激活核心肌肉。

侧躺在平滑舒适的地面上。将腿放在滚压器上，使小腿外侧能接触到滚压器。泡应置于脚踝上方。手肘和前臂放在肩膀下面，髋部抬高，如同侧面平板支撑姿势（见图5.7）。为了提高稳定性，你可以把不进行滚压的腿及对侧手臂放置在身体前方。如果你想增大压力，可以将双腿重叠放在一起。为更有效、更轻松地滚压这一部位，可以将滚压过程分成两个独立的部分：（1）从脚踝向上滚压至小腿中部；（2）从小腿中部向上滚压至膝盖下方，即泡沫轴向上移动，滚压速度为1英寸/秒。如果你发现敏感点，则持续施压30秒。重复滚压这些区域四次，然后，将滚压器重新放于小腿中部，在小腿外侧的中上部重复这个过程。

图5.7 小腿外侧练习2

　　足部和小腿共同组成了身体最重要的部位之一。不管是其中之一还是两者出现问题都会造成疼痛和不适感。即使你的足部和小腿没有受伤，我也建议你每天都对足部和小腿进行泡沫轴滚压。

第6章

大　腿

　　大腿包括膝盖和骨盆之间的肌肉。这些肌肉大多数都横跨膝关节和髋关节，但是仍可以被视为大腿肌肉（第5章介绍了膝关节以下的肌肉，第7章将介绍髋关节以上的肌肉）。至于本章的目的，主要是讨论大腿的肌肉，组成大腿的主要肌肉有股四头肌、内收肌和腘绳肌。本章也会讨论大腿的其他结构，其中包括髂胫束。当你阅读完本章内容，你不仅会对如何滚压这些部位有更清晰的认识，还能了解一些造成其功能退化和紧绷的原因。

　　基于此，本章将分别讨论大腿肌肉。虽然这不是一个很详尽的生理解剖讲解，你也不可能将这些肌肉分开滚压，因此本章将讨论这些肌肉的整体功能。

股四头肌

　　股四头肌是我们最了解的人体肌肉之一。它们突出且很容易看到，也比较容易训练。但是，股四头肌比我们所想象的要更复杂一些。

大腿肌肉在上背部疼痛时起到的作用

　　大腿肌肉和下背部疼痛有什么关系？这一常见的问题，似乎并不容易回答。本章介绍的许多肌肉，都和骨盆相连，这意味着这些肌肉或多或少会影响骨盆的姿势。很多情况下，前面的肌肉（股四头肌）能下拉髋部，然而后面的肌肉（腘绳肌）会绷紧，以阻止前面的肌肉下拉。当骨盆改变姿势时，下背部（腰椎）同样会改变姿势，我们生来如此。当姿势在很短的时间内发生改变，这并不是什么大事，因为我们的身体具有弹性且可以自我修复。但是，如果骨盆长期保持某个姿势，那么下背部的肌肉就有可能紧绷，以做出相应的回应。实际上这很正常，并且当髋部不在一条直线上时，就会发生这种预料之中的变化。大多数人尝试利用按摩、热疗、拉伸和非处方止疼药来放松下背部肌肉，而没有治疗和髋部连接的肌肉。关键在于，如果你正在处理一个越来越严重且与损伤无特定关联的下背部疼痛，你可能需要检查一下髋部周围的其他肌肉。这部分内容将在第7章进行探索。

股四头肌的基本解剖结构

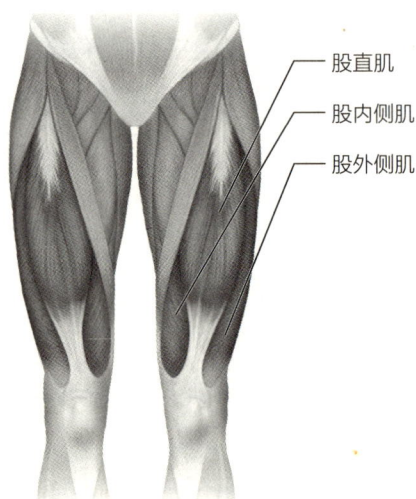

图6.1　股四头肌

　　股四头肌是一组肌肉群，可分为四个部分（所以是"四头"），位于大腿的前面（见图6.1）。这四部分都横跨膝关节，这就意味着当这些肌肉收缩（缩短）时，会伸展膝关节。同理，当这些肌肉放松（伸长）时，能屈曲膝关节。靠近大腿顶部的三块肌肉与股骨相连，第四块肌肉横跨髋关节与骨盆相连。如果一个肌肉横跨一个关节，这就意味着这块肌肉可以在关节周围产生运动。因此，作为股四头肌之一的股直肌可以让髋关节屈曲。

股直肌
股内侧肌
股外侧肌

作为一组肌肉群，没有必要在此讨论股四头肌，本章后面将详细阐述。股外侧肌是股四头肌中最大的一块肌肉，位于大腿外侧。这块肌肉横跨膝关节，通过髌骨与小腿相连，但是却没有横跨髋关节。此肌肉的大小、力量和位置可以对小腿和膝盖产生极大的影响。另外，这块肌肉位于另一个重要的结构：髂胫束的下方。本章后面也将讨论这部分内容。

股四头肌的功能

股四头肌缩短时可以伸展膝盖，放松时可以让膝盖屈曲。如果你想了解股四头肌的功能，你必须清楚双脚着地和离地时会发生什么。

有一种运动，需要双脚紧贴地面，或者身体处于固定的姿势，这种运动叫"闭链运动，"意思就是很多关节都需要移动。想一想下蹲：脚踝、膝盖和髋部需要协调工作，才能完成下蹲动作，同时双脚保持位置不变。如果其中一个关节不能移动，那么下蹲就不可能实现。比如，当膝盖不能移动时，你还尝试下蹲，身体就会往后倒。这种多关节的协调运作使身体重心维持在支撑底面的上方。

下蹲动作中，股四头肌会产生一些有趣的动作，而解剖教科书上不会介绍这些内容。想象一下这个画面：当站在一个椅子上，股四头肌会缩短以使膝盖伸展。然而，身体本能地需要保持重心稳定，因此髋部也会伸展。第7章将详细阐述髋部肌肉，现在需要着重了解的是如果这些肌肉不能各司其职，股四头肌需要超负荷工作，并最终会取代这些肌肉。另外，解剖教科书中确实说明了股四头肌在缩短时会伸展或拉直膝盖。但是你可以从这个简单的例子中看到，肌肉能够执行的动作远远多于一个。股四头肌体积较大，而且力量强，会在需要时主动完成额外的动作。

对滚压股四头肌的支持和反对意见

股四头肌经常主动完成很多动作。之所以如此，是因为这些肌肉强大而有力，并且是单关节肌肉。然而，要想让身体正常执行功能，实现最佳运动效果，股四头肌不能包办代替其他肌肉应该完成的动作。股四头肌通常过分活跃，会包揽小腿肌肉和臀肌的工作。如果你想促使其他肌肉恢复分内的任务，你就必须让股四头肌放松休息。你可以通过按摩来实现这个目的。但是，与其每天去找按摩师，还不如自己平时使用泡沫轴滚压。

股四头肌滚压技巧

刚开始时，以1英寸/秒的速度缓慢地滚压股四头肌，以便找到敏感点。敏感点是你感觉到疼痛或不舒服的地方。按照一般原则，以1级（无痛）到10级（想象中最疼的等级）来划分疼痛等级，滚压的目的是找到疼痛等级在5~8级的疼痛点。疼痛等级低于5级，感到不适但还不到需要进行针对性滚压的程度。疼痛等级高于8级，则因太过疼痛而不适合进行针对性滚压。敏感点说明肌肉中存在粘连、结节或扳机点。

敏感点一旦确认，放松正在滚压的肌肉，然后简单地保持呼吸。这个过程大约持续30~60秒，或者直到你感觉到敏感度降低为止，然后再增加一些小动作。这些额外动作的不同需要取决于你正在滚压的不同的身体部位，大部分都遵循相同的模式——按压并拉伸肌肉。通过施压或将关节向泡沫轴移动，来进行按压和拉伸肌肉。千万不要快速上下滚压。

股四头肌练习1

股四头肌滚压技巧需要在一个大而软的泡沫轴上进行。不管你使用什么工具，都要注意不断地观察结果，因为你可能需要进阶到较小、较硬的泡沫轴，既然股四头肌是一组较大的肌肉群，我们可以把股四头肌分为两个区域。区域1包括膝盖以上至大腿中部的肌肉，区域2包括大腿中部以上至髋部的肌肉。区域1包含四块肌肉但不是完整的股四头肌。但是整个区域2，确实包含了完整的股四头肌。如果你正饱受膝盖疼痛之苦，那么就滚压整个区域1。从不同方向滚压大腿，直到你找到最敏感的点。如果你患有下背部不适或者髋部疼痛，则滚压整个区域2。区域2顶部是股四头肌中占大部分的髋屈肌。如果髋部引发了下背部疼痛，那么滚压这个区域至关重要。当滚压股四头肌时，你要考虑到泡沫轴承载的是你的体重。因此，我建议你先从一个常规尺寸的泡沫轴开始，再缓慢进阶至更硬或更小的器材。

　　开始时，面朝下俯卧在地面上，将泡沫轴置于你要滚压的大腿的膝盖附近，另一条腿往外伸。把身体往下推，缓慢滚压，泡沫轴就能往上滚压大腿（见图6.2a）。当你找到敏感点时，持续施压30秒。然后，重复滚压四次这些区域。下一步，保持脊椎中正位置的同时，屈曲、伸展膝盖并重复4~5次，以帮助拉伸肌肉（见图6.2b）。

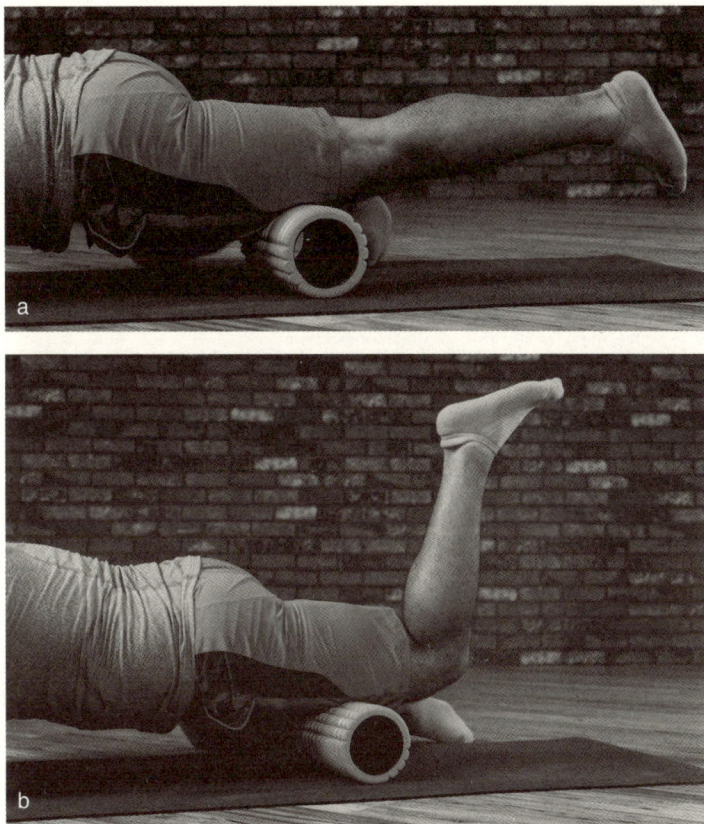

图6.2　股四头肌练习1：a. 上下滚压；b. 屈曲和伸展

股四头肌练习2

对于滚压股四头肌来说，这个技巧是一种额外的选择。如果你在进行股四头肌练习1时感觉非常不适，那么就不需要进行练习2。但是，如果你体验过泡沫轴滚压，并且准备好进入下一阶段，那就开始股四头肌练习2吧。股四头肌练习2用的滚压器直径较小，硬度稍大，可以作用于更深层的组织。

既然这个技巧是一种针对深层组织的滚压形式，那么最好将大腿分成三个区域：区域1涵盖了从膝盖到大腿向上1/3处；区域2涵盖从大腿向上1/3~2/3处；区域3涵盖从大腿向上2/3处到髋部。每个区域都分别按图6.3的步骤进行滚压。这个练习需要的时间多于股四头肌练习1，通常为3~5分钟。如果你的肩部有损伤或者核心力量较薄弱，这个技巧将能给你提供一些选择，以帮助你成功完成滚压。

面部朝下，俯卧姿势开始，把滚压器放在靠近你要滚压的大腿膝盖处，另外一条腿往外伸。缓慢下推身体，以使滚压器以1英寸/秒的速度向上移动，直到找到敏感点为止（见图6.3a）。当你找到敏感点时，持续施压30秒。然后，重复上下滚压肌肉四次。接下来，保持脊椎中正，大腿侧向移动以完成两个完整的动作，在滚压器上拖拽身体进行侧向滚压（见图6.3b）。停在相同的点上，通过屈曲、伸展膝盖两次来伸展肌肉（见图6.3c）。完成后，在稍高一点的部位重复上述滚压过程，记住要将大腿分成三个区域进行滚压。

如果你的肩部有伤，或者感觉到肩部疲劳，可以在肩部下方垫一个支撑物，比如瑜伽垫。这不是为了支撑你的全部重量，只是为了用你的手臂分担重量，以让你有一个更好的滚压体验。另外，如果你找到特别敏感的点，则可以放心地把髋部放在地上休息，这能让你呼吸顺畅且更加放松，效果也会更好。

图6.3 股四头肌练习2：a. 上下滚压；b. 侧向滚压；c. 屈曲与伸展

腘 绳 肌

　　腘绳肌是位于大腿后方的肌肉。它们都经常背负着莫须有的罪名。如果你对这些肌肉有一个较好的了解，那么你也就可以更好地确定是否应该滚压这些肌肉。

腘绳肌的基本解剖结构

　　腘绳肌由三部分肌肉组成：半膜肌、半腱肌和股二头肌（见图6.4）。这些肌肉通常易被误解，并且被错误地治疗。腘绳肌是横跨膝关节和髋关节的多关节肌肉。我们可以在骨盆底处的一块坐骨上发现腘绳肌的源头。坐骨也被称为"坐着的骨头"，因为当你以一个标准坐姿坐下时，感觉到坐在椅子上的就是坐骨。腘绳肌在大腿后侧延伸，横跨膝盖，并且和小腿的胫骨相连。

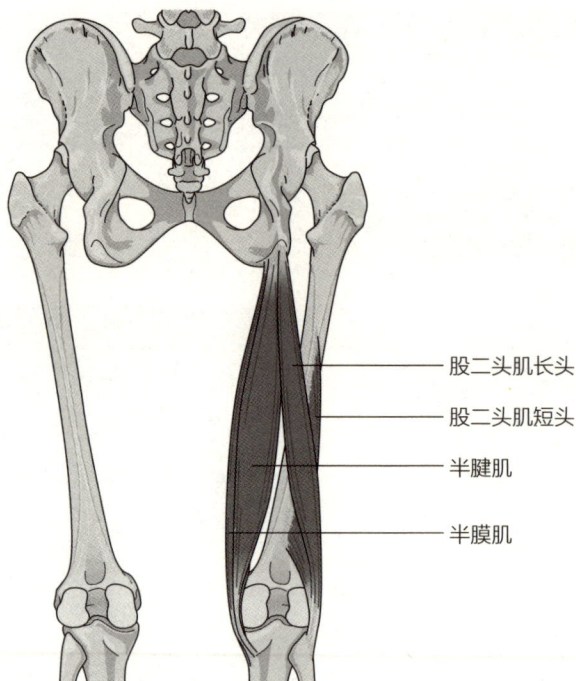

股二头肌长头

股二头肌短头

半腱肌

半膜肌

图6.4　腘绳肌

　　值得注意的是，腘绳肌和股四头肌截然不同。股四头肌是一种体积较大，而且强大有力的单关节肌肉，腘绳肌则与之相反。大多数人的股四头肌都大于腘绳肌，因为它们的功能完全不一样。

腘绳肌的功能

　　一般的解剖教科书会告诉你，腘绳肌可以屈曲膝盖并帮助伸展髋部。这有点道理，因为腘绳肌横跨膝关节和髋关节。但是，这些解剖教科书不会告诉你，为什么在正常的运动期间，腘绳肌不能完成大部分的膝盖屈曲动作。当你跑步或者走路时，动量是使膝盖屈曲的主要因素。而腘绳肌的主要功能是帮助髋部伸展，更重要的功能是稳定人体姿势。如果在肚脐后面的身体重心向前转移，腘绳肌会收缩并紧绷，这是一种基本的稳定机制。甚至我们低头看手机时，身体会前倾，也需要肌肉收缩以支撑我们前倾的姿势。通常情况下，正是腘绳肌收缩以稳定骨盆，来给上身提供支撑的力量。

对滚压腘绳肌的支持和反对意见

对于大多数身处现代社会的人而言，大家的腘绳肌并不短也不紧绷。更准确地说，他们的腘绳肌很长且紧绷，可能是因为这样有助于稳定骨盆。如同松紧带，当你拉动松紧带时，它会变长且紧绷。当肌肉的形态暗示身体出现的某种反应时，人们经常混淆肌肉缩短和肌肉紧绷，比如神经刺激。例如，在腘绳肌里面有一条大神经在工作（坐骨神经）。因此，你不需要经常滚压腘绳肌以延长它，滚压它的目的是为了促进血液流动和降低紧张度。因此，你怎么才能知道紧绷的感觉是腘绳肌产生的呢？你必须要进行评估并观察所处的姿势，这能更好地告诉你腘绳肌的需求。

当用泡沫轴对腘绳肌进行滚压时，你可能不会感觉到与滚压小腿、股四头肌和其他区域所类似的不适感。如上所述，这是由于腘绳肌确实没有缩短和紧绷，因此，这些区域不会感觉到疼痛。但是，也不要用一种很硬的泡沫轴滚压大腿，或者让你的朋友站在你的大腿上，以产生疼痛感。相反，腘绳肌需要的压力和其他肌肉不同。因此，如果你选择用泡沫轴滚压腘绳肌的话，还是有一定的作用的，因为，你可以利用这个技巧促进血液循环。

腘绳肌泡沫轴滚压技巧

开始时，以1英寸/秒的速度滚压这些区域以找到敏感点。敏感点是你感觉到疼痛或不舒服的地方。按照一般规则，以1级（没有疼痛）到10级（想象中最疼的等级）来划分疼痛等级，找到疼痛等级在5~8级的区域。疼痛等级低于5级，还没有到需要进行针对性滚压的地步；疼痛等级大于8级，则因太过疼痛而不适合进行针对性滚压。这些敏感部位意味着存在粘连、结节或扳机点。

一旦确认了敏感点，放松正在滚压的肌肉，然后伴随着放松呼吸。通常情况下这个过程会持续30~60秒，或者直到你感觉到敏感度下降为止。然后，再进行一些小的额外动作。每一个额外动作都不同，这取决于正在滚压的身体部位，但是大多数都遵循相同的模式——按压并拉伸肌肉。通过施压，并让关节向泡沫轴移动，你就能按压并拉伸肌肉。千万不要快速上下滚压。

泡沫轴滚压腘绳肌

你同样可以将腘绳肌分成两个区域。区域1从膝盖往上至大腿中部，区域2从大腿中部往上至髋部。

将大腿置于身体前面，呈坐姿，泡沫轴放在膝盖上方的腘绳肌处。双手靠近髋部，手指指向外侧。然后，髋部稍微抬起，身体向前推，泡沫轴顺着腘绳肌往上滚（见图6.5a）。滚压至你找到的敏感点，持续施压30秒。时间到了之后，缓慢滚压肌肉四次。下一步，大腿侧向移动以进行侧向滚压（见图6.5b）。

图6.5　泡沫轴滚压腘绳肌：a. 前后滚压；b. 侧向滚压

内　收　肌

内收肌是由位于大腿内侧的五块肌肉组成的。这些肌肉可能引发很多问题，如同大腿前面的大肌肉群和背部的绳肌。

内收肌的基本解剖结构

内收肌包括短收肌、长收肌、大收肌、耻骨肌和股薄肌（见图6.6）。这些肌肉是基于他们的大小和所处位置而得名的。短收肌小，长收肌长，大收肌最大。所有内收肌都与骨盆相连，因此都横跨髋关节（但是只有股薄肌横跨膝关节）。

内收肌的功能

顾名思义，可以收缩大腿。"收"的意思是合在一起，或者是将某样东西往身体中间移动。这些肌肉位于大腿内侧，因此会带动大腿往身体中间移动。但是，人体却很少做出这个动作。比如人体在走路或者跑步时，会往身体中间稍微移动双腿，但并不是很明显。很少有人知道，内收肌可以屈伸髋部。当髋部屈曲时，类似于你坐在椅子上，这就是髋部屈曲的姿势。在这个姿势中，大部分内收肌缩短。

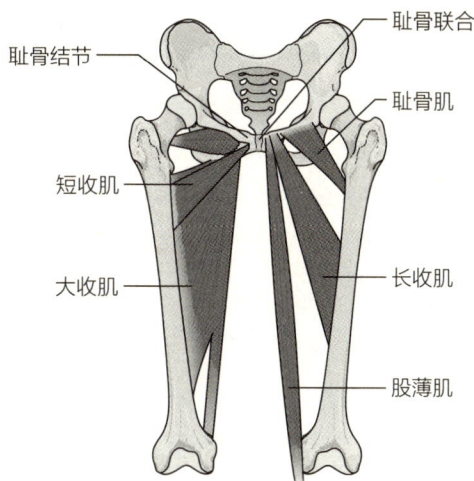

图6.6 内收肌

这意味着内收肌可以影响骨盆的姿势。坐着的时间越久，收肌就会更活跃。

对滚压内收肌的支持和反对意见

对于大多数久坐的人来说，内收肌会缩短并出现问题。这会拉动骨盆前倾，前部骨盆也会向前屈。另外，短收肌会向内拉动膝盖。这个在下蹲、坐下、站立或爬楼梯时尤其明显。如果在这些动作中，膝盖内收，这就意味着内收肌需要进行泡沫轴滚压，可能还需要拉伸。

内收肌泡沫轴滚压技巧

开始时，以1英寸/秒的速度滚压内收肌，以找到敏感点。敏感点是你感觉到疼痛或不舒服的地方。按照一般规则，从1级（没有疼痛）到10级（想象中最疼的等级）来划分疼痛等级，找到疼痛等级在5~8级的区域。疼痛等级低于5级，还没有到需要进行针对性滚压的地步；疼痛等级大于8级的区域，会因太过疼痛而不适合进行针对性滚压。这些敏感部位意味着存在粘连、结节或扳机点。

一旦确认了敏感点，放松正在滚压的肌肉，然后伴随着放松呼吸。通常情况下这个过程持续30~60秒，或者直到你感觉到敏感度下降为止。然后，再进行一些小的额外动作。虽然每一个额外动作都不同，这取决于正在滚压的身体部位，但是大多数都遵循相同的模式——按压并拉伸肌肉。通过一边施压并向泡沫轴移动关节，你就能按压并拉伸肌肉。千万不要快速上下滚压。

内收肌练习1

　　将内收肌分成两个区域：区域1涵盖了从膝盖往上至大腿中部，区域2涵盖了从大腿中部往上至骨盆。

　　面朝下俯卧，泡沫轴放在身旁，长轴与身体平行。然后，把需要滚压的大腿放在泡沫轴上。前臂在地上以支撑上身。这个姿势的目的不是为了支撑身体，而是让你能舒适地侧向移动身体。为了达到滚压的目的，将身体略微抬离地面，缓慢地移动身体，让泡沫轴向前移动，即向大腿上方滚动（见图6.7a）。滚压至你找到敏感点，持续施压30秒。时间到后，重复滚压肌肉四次。然后，完成两个动作，通过屈曲、伸展膝盖（见图6.7b）来拉伸肌肉。在区域2的肌肉上部重复上述过程。

图6.7 内收肌练习1：a. 上下滚压；b. 屈曲和伸展

内收肌练习2

这是泡沫轴滚压内收肌的一项额外练习选项。如果在练习1中，你感觉非常不适，那就不需要进行练习2。但是，如果你之前体验过泡沫轴滚压，并且准备好进阶滚压，那么就可以进行练习2。在练习2中，应选用密度更大直径更小的滚压器，才能滚压更深层的组织。把滚压器放在一个木块上，可以抬高滚压器，这样滚压起来会更加舒适。

既然这个技术是一种深层组织滚压形式，因此把大腿分成三个区域尤其重要：区域1涵盖膝盖往上至大腿1/3处，区域2涵盖大腿1/3处往上至2/3处，区域3涵盖大腿2/3处往上至髋部位置。

面朝下以俯卧姿势开始。滚压器放在身旁，长轴与身体平行。然后，把需要进行滚压的大腿放在滚压器上。前臂放在地面上支撑大腿。为了达到滚压目的，将身体略微抬离地面，缓慢地移动身体，让滚压器向前移动，即向大腿上方滚动（见图6.8a）。滚压至你找到敏感点，持续施压30秒。时间到后，重复滚压肌肉四次。然后，完成两个动作，通过屈曲、伸展膝盖来拉伸肌肉（见图6.8b和图6.8c）。在靠近区域2的中部肌肉和区域3的顶部肌肉的部位重复上述过程。

图6.8 内收肌练习2：a. 上下滚压；b、c. 屈曲和伸展

髂 胫 束

髂胫束是需要重视的一个身体部位。它是很多社交媒体文章的热门主题，也是教育研讨会议和健身领域的热点争议话题。之所以髂胫束受到如此多的关注，是因为髂胫束经常被误解为许多疾病的根源。髂胫束实质上根本不会引发疾病，相反，髂胫束会努力补偿不能正常工作的肌肉。

髂胫束的基本解剖结构

髂胫束是一束结缔组织，如同韧带，和髋骨（髂骨）连接在一起，贯穿整个大腿外侧，并且也和胫骨（见图6.9）相连。因此，髂胫束由"髂"和"胫"组成。髂胫束并非与生俱来。相反，人类的髂胫束始于皮肤下面包裹整个大腿的一层名为阔筋膜的结缔组织。出生时，整个阔筋膜厚度相同。随着时间流逝（以及人体的运动模式，比如爬、走和跑），外侧结缔组织的增厚速度快于内侧，阔筋膜张肌、髋展肌和臀大肌共同形成这一结缔组织。这一强壮的肌肉可以有助于爬、走和跑等多种运动。因此，你运动得越多，传输到大腿的力量就越大，结缔组织就会变得越厚。这就是著名的"沃尔夫定律"。

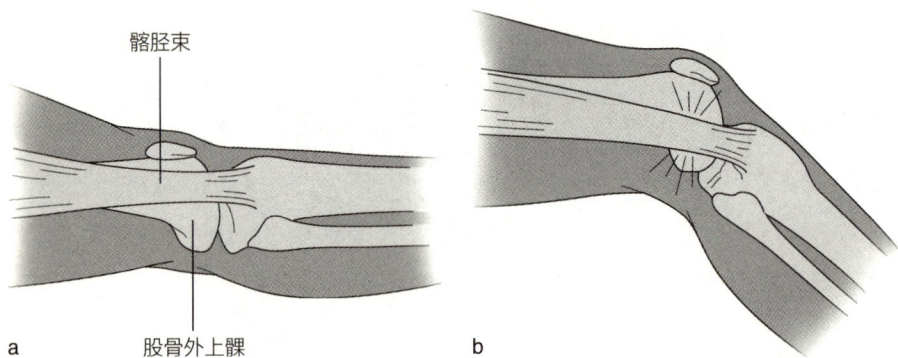

图6.9 髂胫束：a.膝盖伸展；b.膝盖屈曲

髂胫束的功能

髂胫束连接两块重要的肌肉：臀大肌和阔筋膜张肌（第7章将介绍更详细的内容）。髂胫束可以对从髋部到小腿的身体结构提供支撑和稳定的作用。当你走路或者跑步时，髋部肌肉收缩，给髂胫束带来了张力，并且会向下给膝盖传递力量。这就是为什么人类在一条腿支撑数百磅（1磅约为0.45千克）的重量时还能跑动，而且还能维持膝盖和骨盆的稳定的原因。实质上，髂胫束最重要的功能是稳定。尽管韧带、肌腱和其他结缔组织（如筋膜等）缩短的能力很小，其缩短的过程和肌肉是完全不同的。肌肉只有在收到神经系统传递的信号后才会收缩。大多数情况下，这能帮助你沿着一个路径从A点移动到B点。其他结缔组织却不具备这种能力，这是因为它们缺少肌肉所具有的可收缩能力。因此，如果髂胫束出现问题，你必须先解决周围肌肉的问题。

并且，根本没有髂胫束"紧绷"这一说法，尽管你之前可能听说过。即使真的有这一说法，髂胫束也不能拉伸。相关研究成果已经表明：人类不能提供拉长髂胫束所需的力。有传言称两位解剖学家曾经将髂胫束作为一种拉动卡车的连接工具。无论其真假与否，重要的是泡沫轴滚压或者尝试拉伸髂胫束的行为都不能增加它的长度。

对滚压髂胫束的支持和反对意见

如果髂胫束不能拉伸，你可能会认为根本没有必要进行泡沫轴滚压。但是，对髂胫束进行滚压却是很有价值的行为，滚压不是作用于髂胫束，而是作用于髂胫束下面的肌肉组织。位于髂胫束下面的肌肉组织恰好是最大且最有力量的股四头肌（股外侧肌）。简单来说，当你考虑滚压髂胫束时，你必须了解此行为的目的是解决处于髂胫束下面肌肉的问题。事实上，在滚压髂胫束时你所感觉到的大部分疼痛，是来自于股四头肌的。另外，很多时候，作为一块大肌肉的股外侧肌会压迫髂胫束，并且会让人感觉到紧绷感，让膝盖产生外旋。滚压髂胫束可以降低股外侧肌的紧张度，释放膝盖压力。这可能会给你一种你正在放松髂胫束的错觉。

髂胫束泡沫轴滚压技巧

最受欢迎的髂胫束泡沫轴滚压技巧和股四头肌滚压技巧类似，这是因为在滚压髂胫束时，实质上也会滚压到一部分股四头肌。但是，你需要采用侧身平板支撑姿势，才能实现这个目的。我建议刚开始时可以使用较大、较软的泡沫轴，这是因为这个部位可以承载的压力有限，且敏感度高。和股四头肌类似，把大腿外侧分成两个区域：区域1为从膝盖到大腿中部的区域，区域2为从大腿中部到髋部的区域。

泡沫轴滚压髂胫束

　　开始滚压时，侧身躺在平滑且舒适的表面上。下一步，将大腿放在泡沫轴上，让大腿外侧接触泡沫轴。将泡沫轴放在膝盖上方。手肘和前臂可放在肩部下方，髋部向上抬起做出侧身平板支撑的姿势。为了提高稳定性，你可以把不滚压的大腿和同侧手臂放在身体的前方。如果你想增大压力，可以把两条腿都放在泡沫轴上。开始滚压时，以1英寸/秒的速度将身体下移，泡沫轴则向上方的髋部移动（见图6.10a）。如果你找到了敏感点，持续施压30秒。重复滚压这个部位四次。然后，把泡沫轴重新置于大腿中部，通过屈曲、伸展膝盖来拉伸肌肉，大概重复四次（见图6.10b）。在大腿外侧的上半部分重复上述过程。

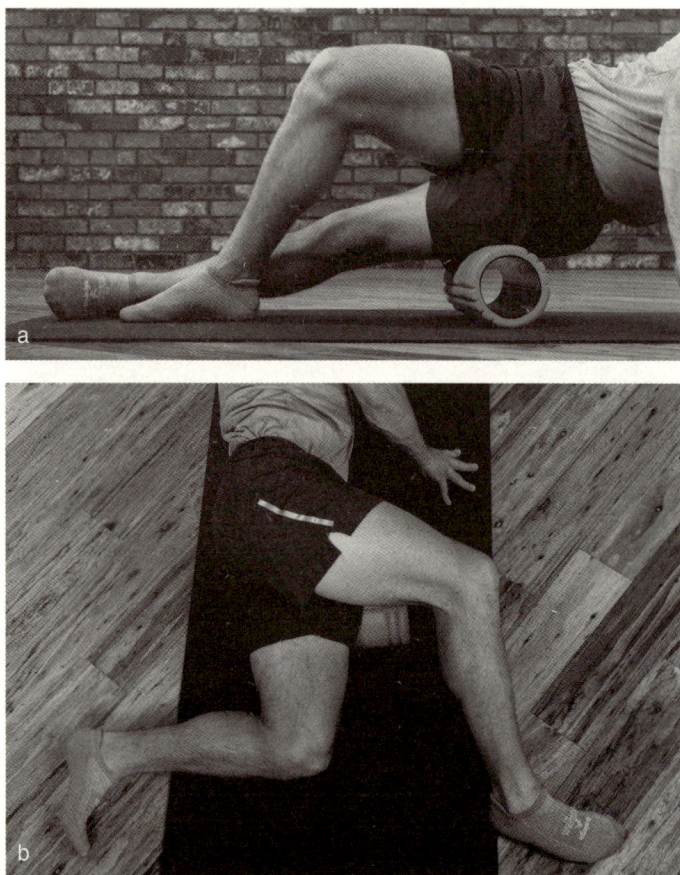

图6.10　泡沫轴滚压髂胫束：a. 上下滚压；b. 屈曲与伸展

跑步者膝盖

许多人都会有跑步者膝盖问题，这并不只是跑步者的专利。出现这种情况的原因可能和髂胫束问题有关，甚至也有可能完全无关。这两种情况有一个共同点是疼痛。不管你是否诊断为髂胫束综合征或膝盖外侧疼痛，我都建议你利用泡沫轴滚压。如果膝盖受伤，不管是膝盖的什么部位，开始都应该用泡沫轴滚压股四头肌和内收肌。理论上，你需要随后进行拉伸和力量训练。不仅膝盖外侧的股四头肌可以压迫组织并上拉膝盖，前面的股四头肌同样可以上拉髌骨。这些情况结合在一起会对膝盖产生影响，让膝盖出现跳跃者膝盖、跑步者膝盖、女仆膝盖等症状，或者任何其他类型的膝盖疼痛症状。

大腿肌肉是复杂且有力的肌肉，也是很容易出现问题的肌肉。如果你遵循合理的顺序和基本原理来滚压这些肌肉，你就可以放松那些你不了解的相关组织。当然，预防受伤和保持长期高水平运动能力，不仅仅需要滚压股四头肌。然而，如果每个人都用五分钟重视这个部位，那么就能显著地减少伤痛。

第7章

髋 部

当谈到本书的目的时，就不得不涉及髋部。髋部被用来描述骨盆附近的肌肉。根据普林斯顿大学首席运动教练查尔斯·汤普森（Charles Thompson）的著作，这个区域有45块肌肉与骨盆相连。因此，此区域对身体其余部分的功能产生了极大的影响。第6章讨论了很多影响髋部的肌肉，比如股四头肌、腘绳肌和内收肌。

髋部和骨盆周围的区域有很多敏感点，因此不建议在骨盆周围滚压肌肉。本章将讨论利用体重施加压力时，几块很容易滚压且风险较小的肌肉：（1）梨状肌，位于后髋部处臀复合体的下面；（2）臀肌；（3）前髋部阔筋膜张肌。我们先介绍髋部后侧的臀肌和梨状肌。

后 髋 部

对于大多数人来说，可建议泡沫轴滚压髋部。不管是因为久坐桌前工作，还是重复进行一项运动，肌肉都很容易出现问题。在走路、跑步、跳跃和进行日常活动时，身体都非常依赖这些肌肉来保持稳定性和施加力量。

后髋部的基本解剖结构

后髋部由多块肌肉组成，此处的肌肉有很多层（见图7.1）。深层肌肉，即髋旋转肌，常被称为"深层六"，实质上是臀肌的三层肌肉。

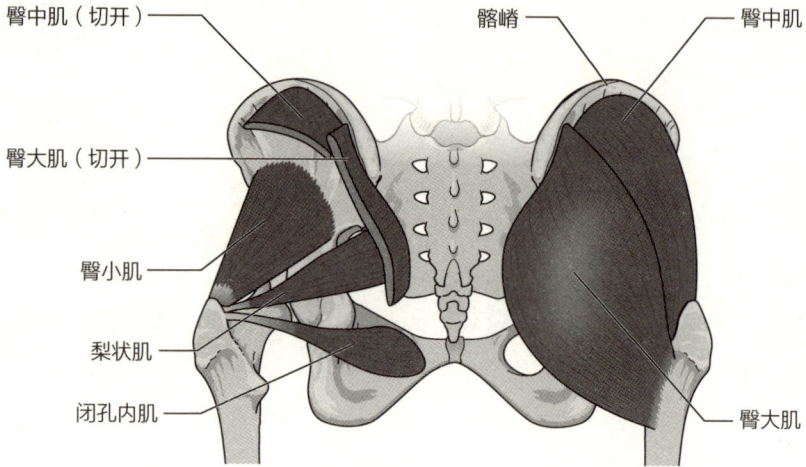

臀中肌（切开）

髂嵴

臀中肌

臀大肌（切开）

臀小肌

梨状肌

闭孔内肌

臀大肌

图7.1 后髋部肌肉

　　组成深层六的肌肉和肩部的肩袖旋转肌类似。然而，它们在功能上是不同的。这六块髋旋转肌都是外旋肌，这意味着当它们缩短时，它们可以让膝盖外翻。六块肌肉中，本书唯一会讨论的肌肉是梨状肌。梨状肌和尾骨前端相连，几乎是水平延伸得以与大腿和股骨相连。如果这块肌肉单独工作，当它缩短时，它会让腿外旋。在走路时，这块肌肉同样有助于向外抬腿（外展）以及伸展腿部。当这块肌肉拉长时，则刚好相反，它会在一定程度上阻止腿外旋、髋屈曲和髋内收。重要的是了解梨状肌的长度和膝盖以及骨盆的姿势相关性。

　　在人体下蹲、爬楼梯，或者进行任何单腿活动时，大多数人的膝盖窝是内曲的曲线，这可以拉长梨状肌和后髋部的大多数肌肉。肌肉具备一种类似弹力带的功能，你拉得越长，它们就变得越紧绷。因此，膝盖内旋时，梨状肌拉长并紧绷。这个特点最初听起来可能不重要，但是正因为如此，身体天生就能保持正确的姿势和位置。如果身体各部位位置不正确，那么身体就会自己慢慢尝试恢复正确位置。如果梨状肌拉长，它就会想要缩短，并且尝试收缩。肌肉就是在完成自己的工作——所以这样有什么错呢？

　　坐骨神经（第3章已介绍）刚好穿过梨状肌，并且这可能是人体运动的重点部位。这条大神经错开了脊椎，穿过髋肌，大多数情况下会直接穿过梨状肌，并且为腿部的其余部位提供感知觉。如果梨状肌收缩影响了坐骨神经，极易造成疼痛、麻木和腿部刺痛。如果你出现以上任何一种感觉，在泡沫轴滚压之前咨询你的医生，因为这有可能是脊椎问题造成的疼痛。如果在身体没有任何问题的情况下进行泡沫轴滚压，那么这就可以很大程度地促进你的放松。

后髋部很容易辨别的一块肌肉，也是人体力量最大的一块肌肉，就是臀大肌。另外，不管是这一个区域还是跨区域，臀大肌都是身体最大的肌肉。臀大肌和身体后面有许多连接处。它的起始端与骨盆的顶部连接，然后和骶骨连接，并且肌肉纤维直接指向身体外侧。它同样与大腿相连，并且这块肌肉的大部分与髂胫束相连。另外，臀大肌的结缔组织在身体另一侧与背阔肌的结缔组织混合。本书不会详细阐述这个问题，但是你要了解右侧的臀大肌会帮助你稳定左肩，你左侧的臀大肌会帮助你稳定右肩就可以了。所有的这些肌肉和组织一起协调工作，才能稳定下背部区域。

如上所述，至关重要的是你要确保已经评估了滚压（可能还会有拉伸）肌肉的原因。这些肌肉中，梨状肌是经常被错误治疗的肌肉之一。泡沫轴滚压可以缓解紧张度，这对于那些拉长的肌肉来说是极佳的放松方式。然而，已经拉长的肌肉不应该再被拉伸，因为它们本来就已经很长了。后髋部是经常被过度拉伸的区域。拉伸那些没有必要拉长的肌肉，会暂时减轻一些症状，但是这样做的后果就是，你必须每天拉伸才能持续得到放松。泡沫轴滚压和拉伸不应该被当作是"创可贴"，换言之，你不能每天滚压来减轻疼痛。因此，如果你要让滚压和拉伸活动发挥作用，就必须探索问题的根源。

后髋部的功能

对于后髋部大部分区域来说，后髋部肌肉的功能和解剖书籍中所说的功能类似。但是，有一些肌肉具有独特的功能，如臀大肌。

依我看来，职业短跑选手的身体看起来更加匀称。现在，可能不再是由于长时间消耗大量的能量导致的，而是由于他接近人体功能的最理想状态。人类不是跑得最快的动物，但是人类的极限速度比大多数动物都要快。我们不是最强壮的（蚂蚁能举起重于自身体重10倍的重物），但是我们的体型也很强壮。和其他物种相比，我们的耐力不是最持久的，但是人类如果得到正确的训练，可以不间断地跑300英里（约482.8千米）。这些特点主要归功于臀大肌和其他大型的肌肉，比如股四头肌。臀大肌可以有助于在身后伸展大腿，同时还能稳定骨盆。另外，由于臀大肌与脊椎和骨盆相连，因此又被称为"核心"肌肉。这块肌肉应该大而有力，但是可惜的是，由于我们长期久坐、缺水，或者仅仅是对训练臀肌的重要性缺乏了解，从而导致臀大肌的力量常常被弱化。

另外，在臀肌下面同样有深层六肌肉，它最主要作用于髋部的外旋肌。这些肌肉的工作首先是稳定与髋关节相连的大腿，然后是在必要时启动外旋动作。如果臀肌力量很弱，这些肌肉就会补偿臀肌应该执行的部分工作。这会引起中部结构压缩和其他髋部问题。

对滚压后髋部的支持和反对意见

滚压后髋部可以帮助你实现更好的整体性功能。一些肌肉需要降低紧张度（比如梨状肌），而其他肌肉则需要特别关注、水合作用以及激活肌肉活动（可能这是针对臀大肌的情况）。本章将帮助你关注这些滚压的肌肉部位。第一级将更为关注水合作用，这是因为整天久坐，髋部承受压力，导致水分和组织液流出此肌肉。结缔组织专家和研究人员罗伯特·斯莱普（Robert Schleip）建议对这个部位施加压力、拉伸和组织负荷，可以帮助你更好地重新进行水合作用（Schleip et al., 2012）。然而，如果压迫时长每天持续12~14小时，那么根本没有时间重新进行水合作用。因此，一些泡沫轴滚压和特殊的动作可以促进组织液回流到此区域。

后髋部滚压技巧

开始时，以1英寸/秒的速度滚压后髋部，找到敏感点。敏感点是你感觉到疼痛或不舒服的地方。按照一般规则，以1级（没有疼痛）到10级（想象中最疼的等级）来划分疼痛等级，找到疼痛等级在5~8级的部位。疼痛等级低于5级，还没有到需要进行针对性滚压的地步；任何疼痛等级大于8级的区域，则因太过疼痛而不适合进行针对性滚压。这些敏感部位意味着存在粘连、结节或扳机点。

一旦确认了敏感点，放松正在滚压的肌肉，然后伴随着放松呼吸。通常情况下这个过程持续30~60秒，或者直到你感觉到敏感度下降为止。然后，再进行一些小的额外动作。虽然每一个额外动作都不同，这取决于正在滚压的身体部位，但是大多数都遵循相同的模式——按压并拉伸肌肉。通过施压并向滚压器移动关节，你就能按压并拉伸肌肉。千万不要快速地上下滚压。

后髋部练习1

这个技巧应该利用较大、较软的泡沫轴来覆盖更多的表面区域，并且能够作用于少量的组织层。后髋部区域可以分为两个区域，区域1包含更靠近臀大肌中部的"多肉"区域；区域2稍高，靠近髋部的顶部，并且作用于臀大肌的上层纤维。位于这些区域下的深层肌肉也能被间接滚压到，因为所有组织都将受力。

开始时，将泡沫轴放在一个平整表面上，一侧臀部的中部位于泡沫轴上，然后，在双脚向外伸展时至少要把一只手放在身后，以支撑你身体的重量。重心移向一侧，身体轻微旋转，这样髋部受力会更多。不滚压的腿弯曲，让脚平放在地上。滚压侧可以进行外展动作，也可以在其他部位的上方进行交叉动作。我建议你尝试这几种姿势，来看看你更适应哪一种。滚压时身体缓慢地向下移动，这样泡沫轴会以1英寸/秒的速度向上滚动（见图7.2a）。如果你找到敏感点，立刻停止，在这个部位持续施压30秒。时间到时，向回滚压并重复四次，然后，通过把大腿抬离地面的方式，进行四到五次的髋屈曲动作（见图7.2b）。

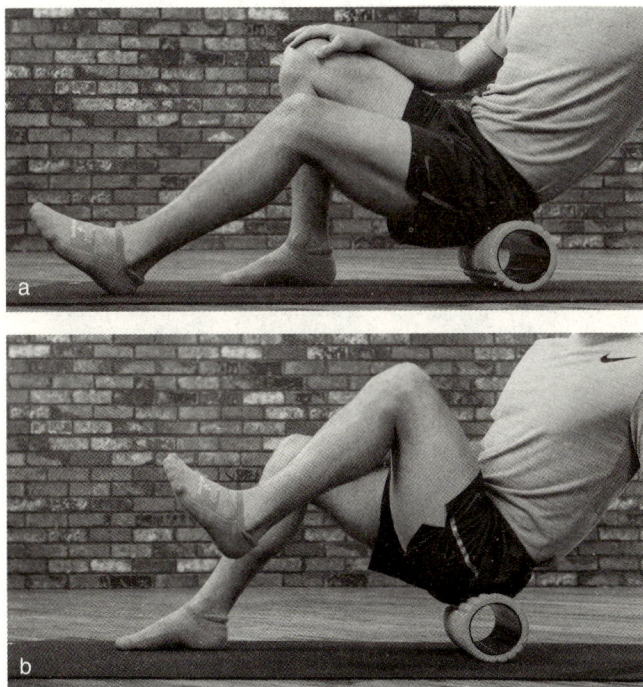

图7.2 后髋部练习1：a. 上下滚压；b. 抬高大腿以屈曲髋部

后髋部练习2

这个技巧使用较小、较硬的按摩球，以能直接触更深层组织。这个技巧对梨状肌的直接影响要多于之前的技巧。然而，至关重要的是要施压、放松然后再进行滚压。同样要记住，最大的坐骨神经经过此区域。在这区域上施加压力不会产生危险效果，只要不是长时间施压。为了安全起见，建议每侧施压不要超过60秒。

开始时，按摩球放在平整的表面上，一侧臀肌的中心坐在球上。双手置于身后，以支撑身体的重量，不滚压的腿弯曲，让脚平放在地面上，另一条腿则向外伸展。身体重量转移到另一侧，身体稍做旋转让一侧髋部受力（见图7.3a）。在这个部位中，你不能滚压太久，正如你的感觉，刚开始放在球上滚压的区域已经很敏感。坐在按摩球上调整呼吸并放松，持续30秒，直到敏感度降低为止。时间到时，通过把膝盖拉向胸部来完成四次髋屈曲动作（见图7.3b）。

图7.3 后髋部练习2：a. 给髋部施加压力；b. 屈曲髋部

前 髋 部

泡沫轴滚压后髋部是恢复正常功能的极佳方式。然而，前髋部的肌肉同样也需要给予关注。很多情况下，前髋部的肌肉会引发后髋部肌肉产生问题。

前髋部的基本解剖结构

人体很多复杂的结构都可以引起身体功能障碍。然而，利用泡沫轴渗透到那些部位很有挑战性。因此，前髋部肌肉中最需要重视的是阔筋膜张肌（见图7.4），这块肌肉也很容易进行滚压。阔筋膜张肌是位于前髋部和侧髋部的一块小肌肉，是一条长肌腱贯穿整个膝盖。这个肌腱是髂胫束的一部分（第6章已讨论）。顾名思义，阔筋膜张肌可以增加阔筋膜的张力。阔筋膜本质上就是髂胫束和大腿周围的结缔组织。因此，阔筋膜张肌可以增加髂胫束的张力，这有助于稳定骨盆和膝盖。

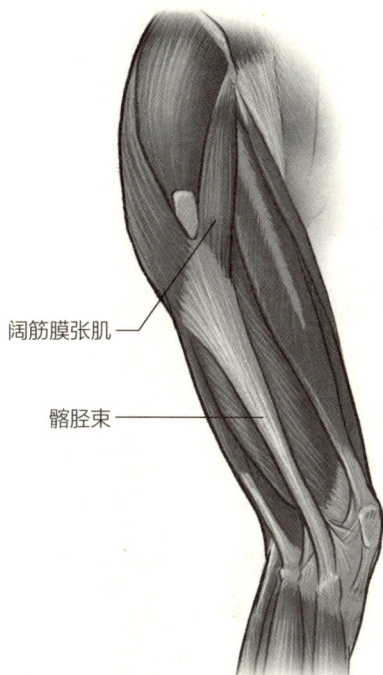

阔筋膜张肌

髂胫束

前髋部的功能

阔筋膜张肌与髋部相连，连接处位于髂前上棘的棘突之后。然后向下延伸几英寸与髂胫束混合。当阔筋膜张肌收缩而变短时，它就会屈曲髋

图7.4 阔筋膜张肌是一块小肌肉，主要影响髋部的运动机制

部。大腿抬到身体前面时，髋部会呈屈曲状态。如果双脚固定在地面上，骨盆前倾以屈曲髋部。如果这个姿势长时间持续，可能会导致下背部疼痛。另外，既然阔筋膜张肌与膝盖相连，那么就会使大腿内旋，并且奇怪的是小腿会外旋。这通常是造成膝盖疼痛损伤的因素，比如前交叉韧带拉伤或撕裂。

对滚压前髋部的支持和反对意见

人体的所有肌肉中，前髋部肌肉适应能力最强。对于大多数人来说，这些肌肉通常处于缩短的姿势。当阔筋膜张肌适应性缩短时，它会拉动骨盆使其前倾。骨盆前倾会对下背部施加额外的压力，是造成下背部长期疼痛的最大因素。因此，对于大多数人群来说，放松这块肌肉非常重要。

另外，由于此肌肉与膝盖相连，它会对膝盖造成额外的压力。当阔筋膜张肌变短且紧绷时，它会使髂胫束紧绷，并且增加膝盖部位的压迫感。目前对于解释跑步者膝盖和髂胫束综合征的主要理论，都认为是膝盖外侧接受神经高度支配的脂肪垫承受了过度的压迫。另外，在进行锻炼前用几分钟滚压阔筋膜张肌，甚至在一天的工作后对其进行滚压，都可以有助于降低受伤的风险，提高运动表现水平。

前髋部泡沫轴滚压技巧

开始时，以1英寸/秒的速度滚压这个部位，以找到敏感点。敏感点是你感觉到疼痛和不适的地方。按照一般规则，以1级（没有疼痛）到10级（想象中最疼的等级）来划分疼痛等级，找到疼痛等级在5~8级的部位。疼痛等级低于5级，还没有到需要进行针对性滚压的地步；任何疼痛等级大于8级的区域，则因太过疼痛而不适合进行针对性滚压。这些敏感部位意味着存在粘连、结节或扳机点。

一旦确认了敏感点，放松正在滚压的肌肉，然后伴随着放松呼吸。通常情况下这个过程持续30~60秒，或者直到你感觉到敏感度下降为止。然后，再进行一些小的额外动作。虽然每一个额外动作都不同，这取决于正在滚压的身体部位，但是大多数都遵循相同的模式——按压并拉伸肌肉。通过施压并向滚压器移动关节，你就能按压并拉伸肌肉。千万不要快速地上下滚压。

前髋部练习1

　　此技巧使用常规尺寸的泡沫轴。开始时要定位肌肉，记住肌肉就在髂嵴的下面。泡沫轴置于一个平整的表面上，躺在泡沫轴上，泡沫轴位于要滚压的肌肉正下方。如果此处肌肉出现了问题，直接躺在泡沫轴上肯定会感觉不适。如果要找到敏感点，利用滚压不是一个好方法。常规的泡沫轴会让阔筋膜张肌直接受力。如果这不是初始敏感点，可以通过内外移动髋部来重置身体姿势，或者以1英寸/秒的速度滚压肌肉。一旦找到敏感点，持续施压30秒。时间到时，可以通过髋部旋转来增加一点动作。首先，屈曲膝盖至90度，让小腿向地面下落，这可以使髋部内旋（见图7.5a）。然后，抬起小腿，使髋部外旋（见图7.5b）。此动作可以重复四到五次。

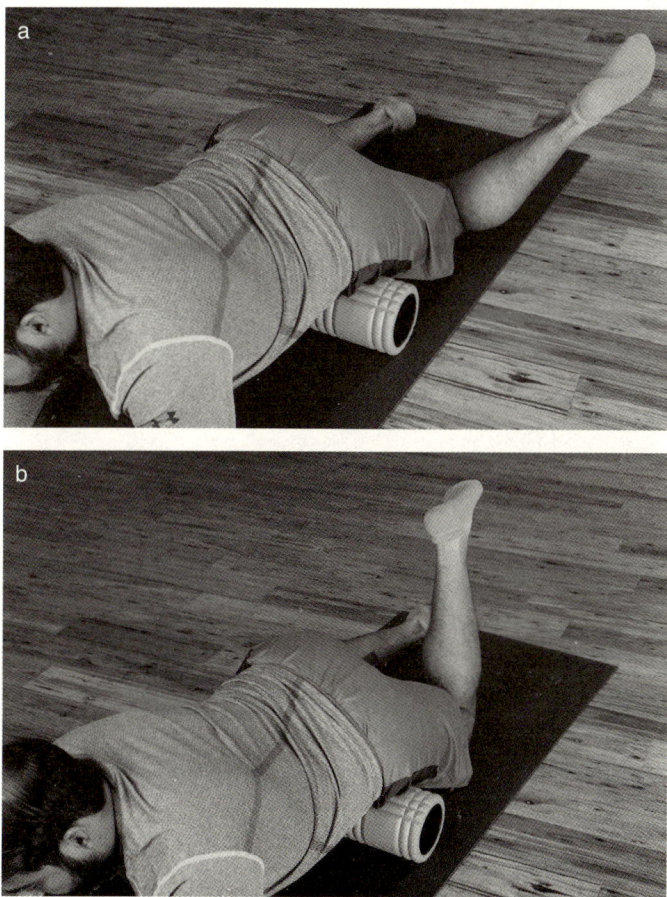

图7.5 前髋部练习1：a. 内旋髋部；b. 外旋髋部

前髋部练习2

此技巧使用直径为5英寸的按摩球，比一般的泡沫轴要硬，表面区域较小，因此可以滚压更深更多的组织层。如果你已经持续几周进行前髋部练习1，那么可以开始前髋部练习2。至于练习1，如果你施加压力，阔筋膜张肌很有可能会产生不适感。

开始时，按摩球置于平整的地面上。躺在球上，这样阔筋膜张肌的中心就在球的正上方。类似于练习1，这个初始位置有可能是敏感点。如果是，那么放松并呼吸，持续施压30秒，或者直到敏感度降低为止。如果这不是敏感点，以1英寸/秒的速度，通过上下滚压或者侧向滚压来找到敏感部位。一旦找到敏感点，持续施压。时间到时，通过髋部旋转来增加一些动作。首先，屈曲膝盖至90度，让脚落在地面上，这可以使髋部内旋（见图7.6a）。然后，脚向后抬起，使髋部外旋（见图7.6b）。此动作重复四到五次。

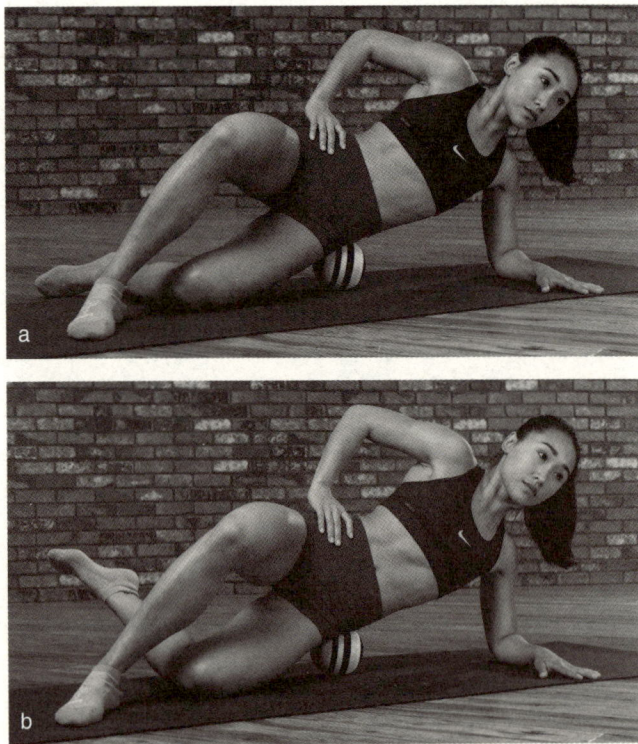

图7.6 前髋部练习2：a. 内旋髋部；b. 外旋髋部

髋部附近的肌肉对身体其余部位有很大的影响。髋部肌肉的作用是为了产生走、跑和跳所需的爆发力。它们同样可以稳定人体重心。另外，这些肌肉必须正常运作以保证足部和肩部合理的稳定性。因此每周滚压几次，每次滚压几分钟这些肌肉，可以让你身心状态达到最佳状态。

第8章

胸部和上背部

你可能不会觉得胸部和背部会出现紧绷或功能障碍问题，尤其是胸部。如果上背部（和颈部）不常出现紧绷感，那么上背部肌肉几乎不会引发任何问题。一般来说，身体前方的胸部肌肉需要泡沫轴滚压和拉伸，而背部肌肉则需要强化。确定上背部的滚压部位，需要一点小技巧。本章将简要介绍这些区域，探索为什么需要或不需要滚压，并且利用泡沫轴滚压来解决这些区域的肌肉问题。

胸　部

对于那些进行重复性动作和有不良姿势习惯的人来说，胸部肌肉是造成很多健康问题的根源。你即将发现，胸部的大多数肌肉每天都必须完成很多活动，当这些肌肉变得紧绷时，你就需要特别重视了。

胸部的基本解剖结构

四块特别的肌肉构成了胸部，每侧两块。这些肌肉总称为胸肌，胸肌与肋骨、肩部和手臂相连。胸肌位于身体的前面，向胸腔上部延伸。那么我们首先会考虑胸大肌。

胸大肌是胸部每侧最大的两块肌肉。胸大肌从肋骨开始，到胸骨，再到锁骨，在大臂结束（或嵌入）。正因为如此，胸大肌才能在这些关节周围完成如此多的动作。胸大肌下面是胸小肌，与肋骨和肩胛相连。这块肌肉对肋骨和肩胛骨有重要的影响，但是也会对手臂动作产生间接的影响。图8.1描述了胸大肌和胸小肌。

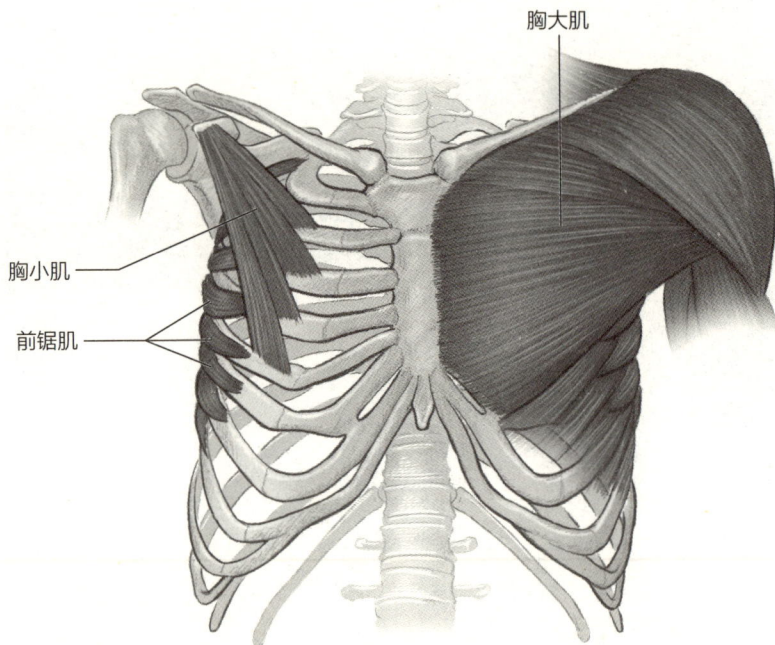

胸大肌

胸小肌

前锯肌

图8.1 胸大肌和胸小肌

胸部的功能

胸部肌肉（胸大肌和胸小肌）会一起工作来协调和控制手臂的动作。胸大肌与手臂相连，能让手臂向身体前方运动，使手臂内旋，并且（如果手臂足够高的话）能让手臂向后运动。由于这块肌肉与肋骨相连，那么也会协助肋骨的运动。当然，肋骨的运动范围肯定要少于手臂，但是，手臂是固定的，就是当你悬挂在引体向上的单杠上时，胸大肌能够把肋骨拉向手臂。另外，当手臂在你身后离你身体很远时，胸大肌也能正常工作。想象一下你坐在车子前排，然后伸手去后座拿东西。当身体旋转时，一只手臂向后伸，这个姿势显著地拉伸了这些肌肉。

胸小肌的作用截然不同。这块肌肉实际上没有和手臂相连，但是却和肩胛骨相连。因此，胸小肌会在移动肩胛骨时对手臂产生间接影响。然而，这并不意味着胸小肌就不重要，相反，胸小肌造成的问题要比胸大肌更多、更严重。解剖教科书经常会提到胸小肌可以降低肩胛骨的压力，以及可以拉伸和提升肋骨。拉伸是让肩胛骨远离脊椎的动作。如果你坐下，需要去拿你身体前方距离很远的物体，远到需要伸展身体去拿，那么这时你的肩部就会拉伸。然而，现实是，单独的胸小肌与此动作几乎无关。

胸小肌确实有拉伸作用，但是必须要在另一块非常重要的肌肉的帮助下才能完成——前锯肌。你可以认为这块肌肉是胸小肌的对立肌肉，但是二者也确实是合作者。胸小肌和前锯肌一起协调工作，在胸腔的周围移动肩胛骨，并将其拉向身体前方。然而，这种关系通常是不稳定的。在很多情况下，胸肌开始做的动作多于它应该做的。胸肌和锯齿肌相反，锯齿肌开始做的动作要少于它应该承担的。因此它造成的结果不是拉伸，而是肩胛骨前倾。当顶部肩胛骨向前移动时，就会发生前倾，然而底部肩胛骨会向后移动。检查自己是否有这种状况的最简单的方法，是在镜子里从侧面观察自己。你需要查看自己整个肩胛骨，所以你需要脱下衣服，或者穿上背心。从这个角度来看，你的肩胛骨应该是平整的。肩胛骨前倾则会表现出前旋的特征。如果你看到肩胛骨底部（下角）突出，离开了胸腔，那么这是前倾的常见标志。当然，前倾对于某些动作来说是比较正常的，比如向后尽可能远地伸展手臂，但是，如果肩胛骨始终保持这个姿势，就会造成肩关节夹挤综合征。

重要的是要常关注神经和其他重要的结构。类似于坐骨神经和梨状肌的关系，在胸小肌附近也有一束神经——臂丛神经。臂神经丛包含了所有分布在手臂里面的神经。因此，如果胸小肌不能正常运作，那么就有可能压迫这些神经。如果你的手臂或者肩部出现疼痛，千万不要滚压这些区域。请先咨询你的教练、治疗师和医生。

对滚压胸部的支持和反对意见

如果胸小肌不能正常运作，扰乱前锯肌的正常功能，并且导致肩胛骨前倾，那么就是肩关节夹挤综合征的症状。你也许会说造成循环功能障碍的根本原因是因为膈膜缺陷，这是正确的。但是，在这里我们不建议进行自我膈膜放松（见手法治疗书籍）。另外，放松胸小肌是安全的。

胸大肌的功能障碍表现和胸小肌不同。但是，如果有人患有圆肩，那么这块肌肉就存在较大的问题。如前所述，胸大肌是主要的手臂内旋肌。你手掌朝前时会发生内旋，然后向里旋转朝向你的大腿，继续旋转手掌则朝后。如果你每天向里旋转，胸大肌会和此区域的其他肌肉纠缠，比如三角肌和肱二头肌。这个部位还会发生很多结缔组织问题。另外，胸大肌会在靠近胸骨的位置形成扳机点和结节。但是，本书将重点关注滚压肩部上端的方法，同时对胸小肌和结缔组织的结合部给予进一步的关注。

呼吸简介

胸小肌被认为是次要的呼吸肌。比如在快速上山和下山强制吸气时，胸肌会收缩来提升肋骨，让肺部扩张向上。注意这是次要的呼吸肌。虽然详细解释呼吸功能已经超出了本章的范围，但是还是应该做一个简单介绍，毕竟呼吸是一件非常重要的事情。

膈膜（见图8.2）是最重要的呼吸肌之一。膈膜与肋骨底部、脊椎的一部分及肺底部相连。肌肉收缩，下拉肺部，使其能在吸气时得到合理的扩张。当呼吸急促时（短跑冲刺时），身体会要求其他肌肉协助呼吸（如胸小肌）。这是正常情况。但是，当其他肌肉参与呼吸过程，而你没有进行高强度的活动时，则可以被认定出现了功能障碍。这通常被称为极限呼吸，不良姿势、过度压力或不正确的呼吸方法都会造成此问题。

不知道如何正确呼吸的人可能会患上慢性呼吸功能障碍。通常情况下，他们的膈膜会慢慢固化，不能够合理收缩或放松。当膈膜不能完成分内的工作时，人体会选择次要方法，和呼吸同等重要的事情尤为如此。在这种情况下，胸小肌（次要的呼吸肌）的负担更重，并且会将胸腔抬升得更高。

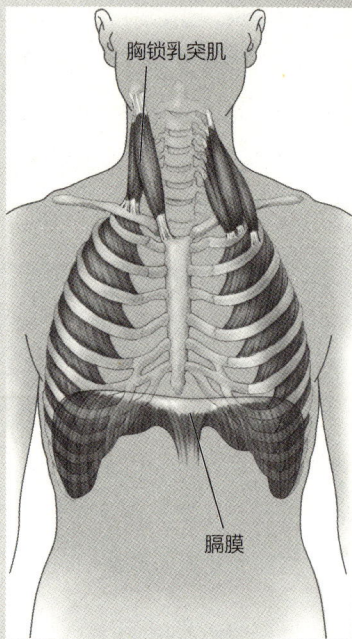

图8.2 膈膜与肋骨及脊椎的连接

人体一天呼吸大约20 000次，这对胸小肌来说是超负荷工作，因此它会变得很肥厚，以至于不能伸展至正常的长度。

胸部泡沫轴滚压技巧

滚压胸部肌肉的计划，与身体其他部位的滚压计划略有不同。既然这个目标区域相对较小，你实际上不需要大量的滚压。相反，压力会直接施加在这块肌肉的中心。同时你也会比较倾向于滚压这些区域，因此在大多数情况下，首先施加压力的区域是最敏感的区域。

一旦确定敏感点，放松正在滚压的肌肉，并且呼吸。这个过程持续30~60秒，或者直到你感觉敏感度降低为止，然后增加一些小的动作。为了解决胸小肌的问题，我发现手臂滚压是最简单且最有效的滚压方法。如果，在滚压或者施压时，你感觉手臂或手有麻木或者刺痛感时，你可能压迫到了神经。不要担心，你应该改变姿势以移除神经上的压力。

泡沫轴滚压胸部

　　滚压胸部需使用常规尺寸的泡沫轴。以下面的推荐姿势进行滚压，可以让你兼顾胸大肌和胸小肌。如果用大尺寸的泡沫轴，那么重点滚压的是胸大肌。把泡沫轴放在平整的地面上，脸朝下躺在泡沫轴旁边，使之与肩部上端成45度。通过把身体重量移到泡沫轴上，让泡沫轴承受更多的压力。这个姿势对男性和女性来说都很安全。如前所述，这些肌肉部位不能进行大力滚压。因此，不能过度滚压胸部组织，只需要滚压外围组织。如果这个部位是敏感点，放松30秒。如果你需要寻找敏感点，可以用另一只手以1英寸/秒的速度滚压，直到你找到敏感点，然后持续施压。时间到时，完成四次轻微的侧向滚压动作（见图8.3a）。这通常包含了一个简单的摆动动作。下一步，通过把手臂抬离地面完成四到五次手臂滚压，然后把手臂移到头部附近，再向下移到体侧（见图8.3b）。滚压过程中必须让泡沫轴持续受压。

图8.3　泡沫轴滚压胸部：a. 侧向滚压；b. 手臂滚压

按摩球滚压胸部

使用大的按摩球滚压胸部，效果和使用常规的泡沫轴类似，但是，按摩球能直接对身体施加压力，因此只有在你准备好的情况下才能采用此项进阶的技巧。这个技巧主要针对胸小肌。

开始时，把按摩球放在平整的地面上，然后脸朝下俯卧。按摩球置于胸部下方，朝向肩部的顶部。注意，按摩球不能直接放在肩部的顶部，要稍微靠下靠内，直接接触想要滚压的肌肉。手臂保持放松，如果需要施加更多压力，那么可以通过在按摩球上旋转身体来实现。如果你发现了敏感点，持续施压30秒。如果你需要滚压这些区域以发现敏感点，则用另一只手臂进行小幅度的滚压动作。时间一到，重复滚压这些区域四次。使用另一只手来侧向移动身体（见图8.4a）。然后，通过把手抬离地面，向下移到体侧和背部，再恢复原来的状态，完成四到五次（见图8.4b）。

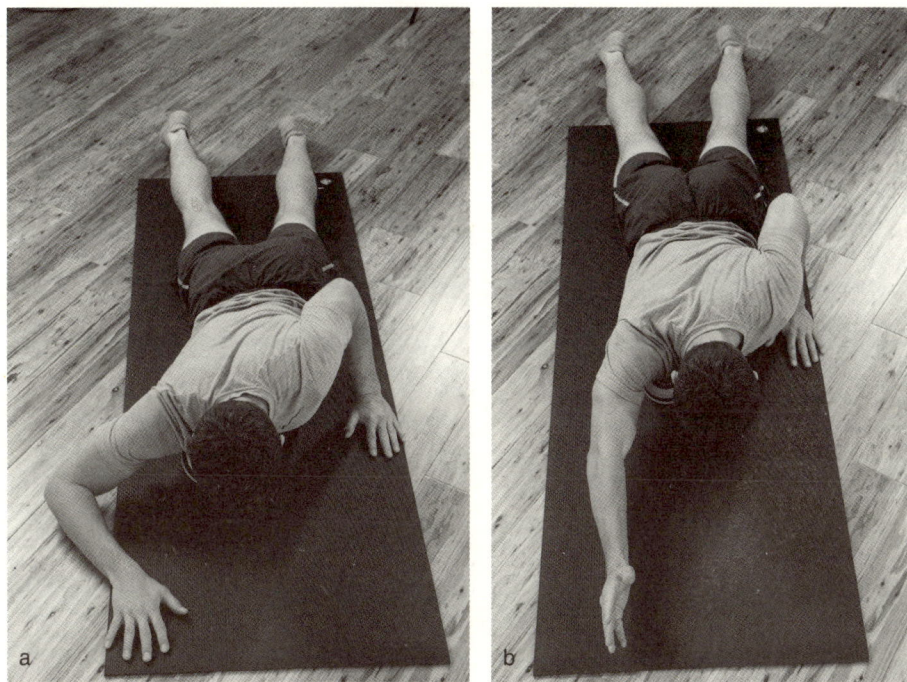

图8.4 按摩球滚压胸部：a.侧向滚压；b.手臂滚压

上背部

使用泡沫轴滚压，上背部的感觉最强烈。泡沫轴滚压可以有助于人们缓解紧张和压力，协助呼吸，对于那些整天久坐工作的人来说作用极大。在某种程度上，你可以认为上背部类似腘绳肌，因为它们经常被拉紧。因此不能尝试去拉伸这些肌肉，相反，你需要促进血液流动来试着强化这些肌肉。

上背部的基本解剖结构

当谈论到背部时，本章具体指上背部。本书前面的章节已经讨论过下背部，并且下背部应该留给专家们予以论述。上背部包含多层肌肉。胸椎组成了椎体的中部节段（见图8.5）。胸椎位于颈椎（颈部）和腰椎（下背部）之间。胸椎有12块椎骨。不良的身体姿势、压力过大、呼吸不良、缺乏运动，都是导致此处肌肉紧绷的原因。为了能正常移动并确保人体功能正常，脊椎的每一节椎骨都需要按照既定要求工作。因此，胸椎需要正确旋转，以将力量正确地传输到整个身体。

覆盖在上背部的肌肉，以深层肌肉开始，是菱形肌和斜方肌。菱形肌（见图8.6）与脊椎相连，向外延伸至肩胛骨。这些不是最深层的上背部肌肉，但是是泡沫轴可以滚压到的最深层肌肉。位于菱形肌下面的是非常小的肌肉，通常的作用是把一个椎骨与另一个椎骨相连接。这些肌肉因为太小而无法进行滚压。在大多数解剖教科书中，菱形肌可以分为两个独立的部分：小的是小菱形肌，大的是大菱形肌。但是，这两块肌肉在进行泡沫轴滚压时被视为是一块肌肉。

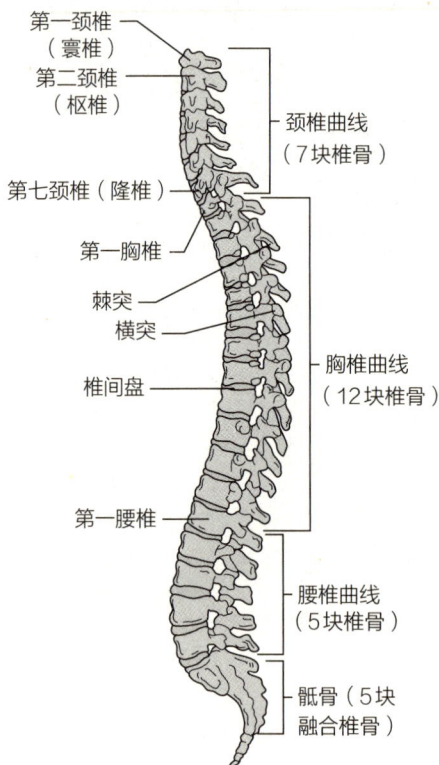

第一颈椎（寰椎）
第二颈椎（枢椎）
颈椎曲线（7块椎骨）
第七颈椎（隆椎）
第一胸椎
棘突
横突
椎间盘
胸椎曲线（12块椎骨）
第一腰椎
腰椎曲线（5块椎骨）
骶骨（5块融合椎骨）

图8.5 脊椎

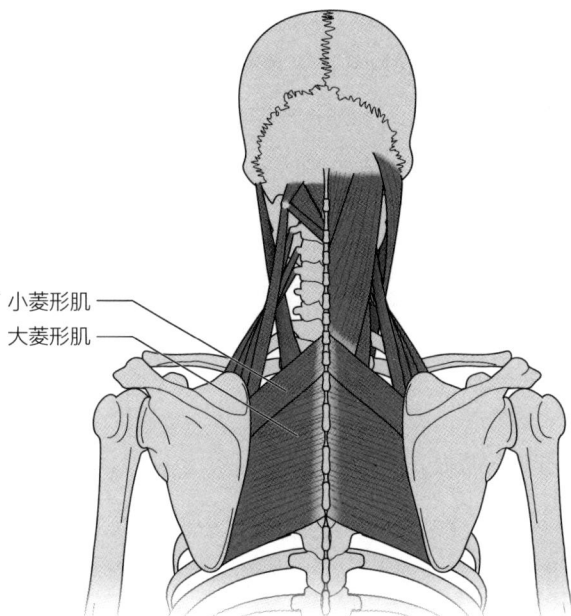

小菱形肌
大菱形肌

图8.6　菱形肌

　　斜方肌（见图8.7）横跨菱形肌的顶部。之
所以称这块肌肉为"斜方肌"，是因为这块大肌
肉的形状类似于梯形。尽管这是一块肌肉，但是
它里面生长着不同方向的肌肉纤维，因此，通常
被描述为下斜方肌、中斜方肌和上斜方肌。斜方
肌与头盖骨底部相连，沿着脊椎向下延伸至胸椎
底部（胸腔底部），然后向外延伸与整个肩胛骨
顶部相连。

上背部的功能

　　上背部是为了脊椎实现旋转的一个部位。上
背部旋转对实现肩部和手臂正常功能，头部和颈
部稳定，从下身到上身的力量传递至关重要。伸
展是上背部运动的另一项功能，经常发生功能障
碍。人体脊椎可以全方位移动，虽然一些方向比

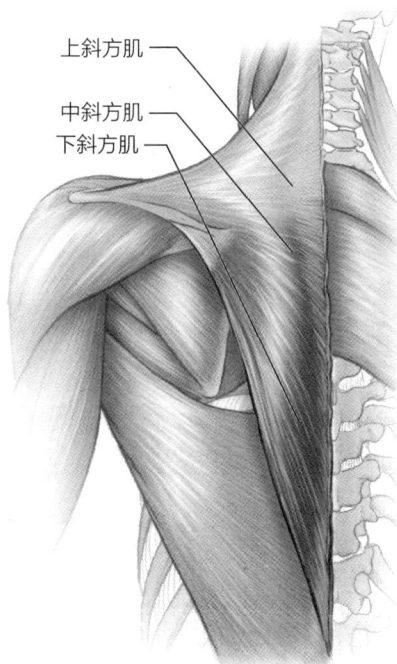

上斜方肌
中斜方肌
下斜方肌

图8.7　斜方肌

其他方向的移动要更加简单。人们长期久坐且处于压力之下，很多人的背部都发生了佝

偻的现象。伛偻是一种脊椎弯曲现象。如果我们长期伛偻着身子，那么我们将失去伸展的能力。上背部伸展对正常的手臂动作极其重要。如果你想感受一下这个运动，可以尝试将双臂缓慢地抬至头顶上方。在做此动作时，一定要注意上背部的动作过程。你会发现上背部必须要伸展才能让双臂抬过头顶。

菱形肌和斜方肌一起工作，其主要作用是稳定肩胛骨，并且协助肩胛骨的运动。当你双臂举过头顶，菱形肌和斜方肌会稳定肩胛骨，并且会协助其引导双臂做出正确的运动轨迹，直到双臂超过头顶。很多患有肩关节夹挤综合征的人不能很好地完成协调的上旋动作。值得注意的是，这些肌肉很少出现缩短和紧绷问题，对于大多数人来说，这两块肌肉经常是被拉长的，且比较虚弱，或者活性不足。不妨想象一下常见的前倾姿势，也就是圆肩，肩胛骨通常前旋，这个姿势可以拉长这些肌肉，这会使菱形肌和斜方肌产生紧绷感，但是我们也知道，肌肉紧绷感并非是肌肉缩短和紧绷的感觉。

对滚压上背部的支持和反对意见

这个部位恢复正常动作的关键是恢复整个脊椎的正常功能。你可以滚压菱形肌和斜方肌，但是滚压这些区域的目的不是放松这些肌肉。因为你滚压的时候，你会把新鲜的血液和氧气带到这些肌肉里，但是重点应在让上背部重新恢复正常的伸展和旋转功能。然后，你可以专门针对这些拉长的且虚弱的肌肉进行力量训练。正如美国国家运动医学学会所建议的那样，肩部和背部的纠正性运动计划一定要正确合理，强化上背部肌肉，可以提高肩部的稳定性和功能水平（Clark & Lucett, 2011）。

第9章包含了肩部的相关内容，将涉及背部最大的肌肉之一，这块肌肉通常情况下会缩短而出现问题。事实上，大部分肌肉问题都会导致上背部出现紧绷感，以及和肩部相连部位的不适。这些有紧绷感的肌肉通常被拉长了。尽管你可以滚压这些区域，但是滚压这些区域并不能解决任何问题。因此，为了真正放松上背部，你可以通过胸椎的滚压技巧来解决脊椎部位的问题。

上背部泡沫轴滚压技巧

通常情况下，泡沫轴滚压上背部不会和你滚压身体其他部位时，带来同样的不适感。因为这些肌肉并未缩短，也不紧绷，但是他们是拉长的而且会出现功能障碍。所以使用泡沫轴滚压这些区域会让你得到很好的放松。

上背部练习1

这个技巧使用常规泡沫轴。因为这种类型的泡沫轴会覆盖更多的表面区域，你可以把上背部看作是一个区域来进行滚压。开始时，泡沫轴要放在平整的地面上。坐在泡沫轴的旁边，仰卧在上面，这样泡沫轴会位于肩胛骨的底部。这个练习会从肩胛骨的底部滚压到顶部。切记不要滚压下背部或颈部。手臂可置于头部后侧以起到支撑作用。重要的是尽量让身体前面的肌肉放松，来达到最佳效果。同时屈曲髋部和膝盖，这样足部就能平放在地面上。下一步，肩部、头部、颈部在泡沫轴上稍微下沉，让上背部能稍微伸展。你的脸部和胸部应该正对天花板，与之平行。

开始滚压时，髋部稍微抬离地面，然后通过大腿把身体下拉，这样泡沫轴才能以1英寸/秒的速度上移（见图8.8a）。你可能不会感到有明显的敏感点，如果你有，那么要持续施压30秒。在这个部位听到一些咔嚓声是正常现象，因为肋骨需要在你滚压的时候调整位置。缓慢滚压这些区域四次。下一步，让泡沫轴位于肩胛骨的中部，

让身体滚动进行滚压，并且髋部要放在地面上。进行四到五次滚压动作，顺着泡沫轴侧向滑动上背部（见图8.8b）。要做出这个动作，你可以想象一下你试着用右手肘触及右膝盖，再用左手肘触及左膝盖。这样做就能够在泡沫轴上产生滑动动作。温馨提示：很多刚开始进行泡沫轴滚压的人，在滚压的时候动作过猛，滚压结束后上背部经常出现红色印记或者少量的挫伤。如果出现了上述情况，在滚压时可以让髋部着地来减少泡沫轴所施加的压力。

图8.8 上背部练习1：a. 向上滚压背部；b. 侧向滑动

上背部练习2

进行此项练习时，我建议你可以将上背部分成三个区域：区域1包含肩胛骨底部附近的区域，区域2包含肩胛骨中部附近的区域，区域3包含肩胛骨顶部附近的区域。每个区域范围大概1~1.5英寸。你可以用按摩球上下滚压，因此在每个区域上都可以实施两种技巧。

开始时，将两个按摩球并排放在平整的地面上。很多人喜欢将按摩球放在手套里或者袜子里（通常被称为"花生"）以让它们保持一起。坐在按摩球前面，往后躺，两个球就分别位于脊椎的两边。首先，滚压靠近肩胛骨底部的区域1。一旦就位，就要尽量将头部和肩部往后仰，这样才能在地面上放松。这个姿势通常情况下不太舒适。你可以在练习的前几次垫一个瑜伽垫，或者以一个常规泡沫轴作为枕头。类似于上背部练习1，你需要放松身体前面的肌肉，这样你才能移动脊椎。如果你通过挺直头部和肩部来激活所有的肌肉，那么你就减少了此技巧的效果。屈曲髋部和膝盖，让双脚放在地面上。这能有助于放松下背部，并且解除髋屈肌的压力。

如果你不滚压这个部位，那么就没有必要去找敏感点并施压。相反，应该用几秒钟的时间来呼吸并放松，然后利用按摩球放松。下一步，进行4~5次肩部旋转。双手交叉放在胸前，再轻放在肩部。然后，髋部保持稳定的同时旋转肩部（见图8.9a）。这是一个很小的动作，但是可以尝试向后移动右肩，这样左肩就会向上离开地面。然后换一侧进行练习，左肩移向地面，让右肩抬起。每个动作要缓慢，并伴随着呼吸。在完成肩部旋转后，进行四到五次肩部屈曲动作（见图8.9b）。双手可向上伸展，然后缓慢地从头顶处向地面移动。做这个动作的目的不是让你去接触地面，而是要让你尽可能地去靠近地面。然后，双臂回到原来的位置。重复上述动作四到五次。

然后，将按摩球重新放到区域2处。手臂放在身体旁边以起到支撑作用，髋部抬起，利用大腿下拉身体，让按摩球以1~2英寸/秒的速度移动。缓慢移动滚压，然后，重复旋转和屈曲肩部的动作。最后，移到区域3，重复上述动作。

图8.9 上背部练习2：a. 旋转肩部；b. 屈曲肩部

如果你认为本书并没有涵盖可以进行泡沫轴滚压的背部所有肌肉，要记住你不需要滚压每一块肌肉。因此，我建议你不要总是滚压感觉紧绷的肌肉，因为这些感觉往往会误导你。如果你感觉到上背部和颈部不适，本章描述的这两个技巧可以给予你很大的帮助。但是，为了缓解紧绷感，你应该关注第9章中所涉及的一些技巧。

第9章

肩部和手臂

　　第8章涵盖了一些可能引起颈部和肩部大部分疼痛问题的重要区域。但是，在正常的肩部和手臂功能中，还有一些其他的肌肉也扮演着重要的角色。如果你的肩部或手臂出现任何疼痛，我建议你利用第8章介绍的技巧。一旦你完成了这些动作，你就可以运用本章介绍的技巧。

　　本章涵盖了一些经常引起常见疼痛和酸痛，却易被忽视的肌肉。肩部是人体最复杂的部位之一。在人类正常的运动模式中，肩部具有稳定功能。比如，三个月大的孩子可以用手肘支撑身体，然后很快就能爬行。因此，肩关节展现出来的是稳定能力。但是，很快，小孩就能站立、走路和跑动。此时，肩部就不再发挥稳定功能，而是完成其更加重要的功能——移动。因此，直接影响肩部功能的肌肉多于20块，使肩部能够完成很多动作。这些肌肉中有一块被称为肱二头肌，通常不归属于肩部的一部分。但是，肱二头肌跨越整个肩关节，因此可以影响整个肩部。

　　本章会提到前臂肌肉。在我看来，很多屈肌和展肌都会超负荷工作。尤其是在肩部功能异常的情况下，这些肌肉通常会超时工作，来保持手腕和手的正常运动。肩部、手肘和手腕姿势不良的时间达到数小时、数天甚至数年后，前臂肌肉就会出现问题。

肩 部

　　肩关节是简单的球窝关节，但是却有复杂的整体功能，身体运动极度依赖肩关节。肩关节是身体最容易受伤的部位之一，但是有趣的是，极少见到肩部有接触式创伤和直接损伤的情况。这就意味着很多肩部伤痛是可以避免的。实现肩部正常功能的第一步是了解肩部的基本功能及其解剖结构。

肩部的基本解剖结构

　　正如第8章所述，胸椎是肩部不可分割的一部分。再次重申，如果上背部不能正常运动，那么肩胛骨及整个肩部将出现功能障碍。很多肩关节夹挤征（这是一种常见的肩部功能障碍）的案例，都和胸椎有关（Silva et al., 2008）。肩胛骨与肋骨相连，而肋骨与脊椎相连。

　　肩部并不是一个特殊的骨头或者关节，而是身体的一个部位。手臂上端1/4和手臂顶部包含着一个复杂的交互系统，这个系统囊括了很多骨骼和肌肉，共同组成了肩带。更具体地来说肩带包含肩胛骨和锁骨。锁骨是一块小骨骼，连接肩胛骨和胸骨，靠近胸腔。不可思议的是，这块小骨骼是整个上臂唯一的"硬"连接点。除了这个点，人体还需依赖17块不同肌肉之间的协调运作，手臂才能得以保持在正确的位置。正因为此，肩部受伤和疼痛是人体常见的问题。假如肩部经常运动，比如攀爬，那么其受伤的概率将降低很多。

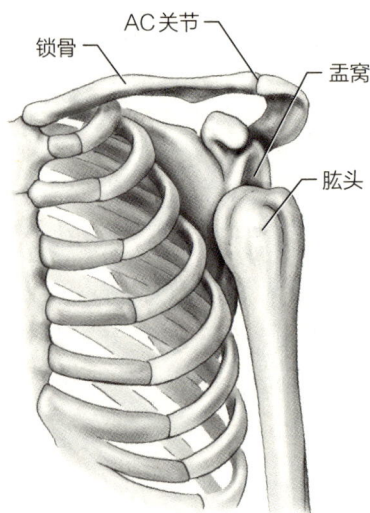

锁骨　AC关节　盂窝　肱头

　　大多数人一提到肩关节，只想到盂肱关节。此关节连接上臂骨（肱部）和肩胛骨（盂窝）。盂肱关节是整个人体中最灵活的关节，但是，肩部还有其他很多关节。人体同样还有由锁骨和肩胛骨组成的关节（肩锁关节，或简称AC关节）（见图9.1），锁骨与胸骨组成的关节（胸锁关节），肩胛骨和胸腔组成的关节（肩胛胸廓关节）。大多数人很少想到这些关节，但是它们具有和肩部同等重要的功能。如果这些关节其中之一不能正常移动，那么其他关节就会补偿这些关节失去的功能。而正是这种补偿性动作导致了肩部酸痛、疼痛和其他损伤。

图9.1　肩带

当然，单是骨头或者关节通常不会造成问题。而是那些与过度活跃（紧绷）或者活跃度不足（弱化）的骨骼相连的肌肉，拉动任何组织偏离了正常位置，才造成各种问题。这些肌肉包括胸小肌（第8章已讨论）、前锯肌（见图9.2a）、后三角肌（见图9.2b）、斜方肌和背阔肌（见图9.2c），以及肩胛提肌和菱形肌（见图9.2d）。

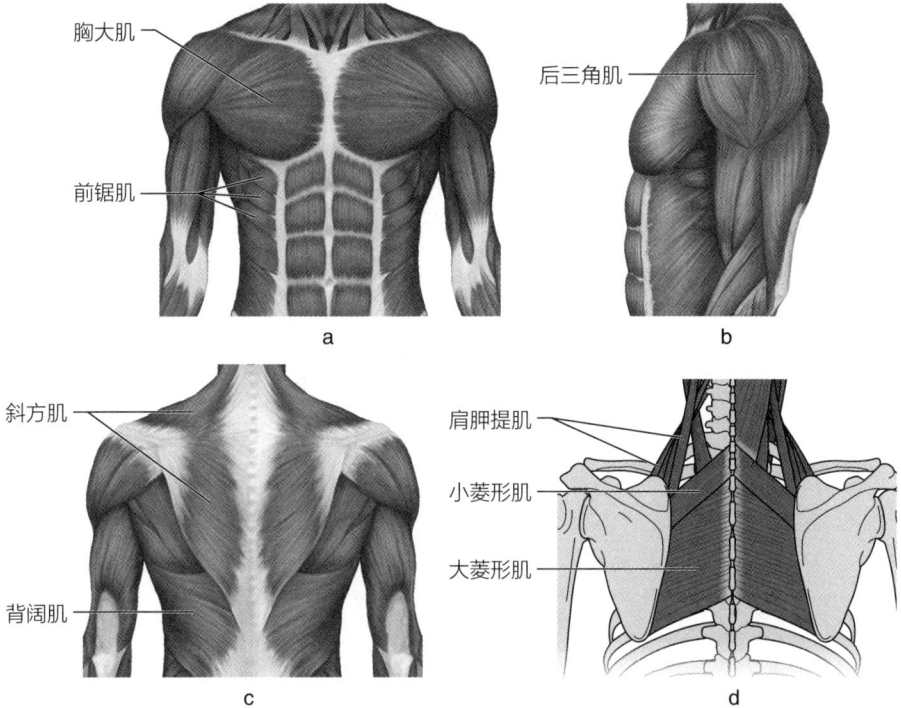

图9.2 肩带肌肉：a.前锯肌和胸大肌；b.后三角肌；c.斜方肌和背阔肌；d.肩胛提肌和菱形肌

背阔肌是人体最大的肌肉之一。它的厚度不大，如同臀大肌，但是很宽。这块肌肉位于骨盆后面并向上延伸，与下背部、底部几根肋骨、肩胛骨的一小部分，以及大臂骨的前面（末端）相连。任何覆盖这个部位，并跨越这些关节的肌肉都有可能随着时间的推移出现问题。背阔肌不仅可以造成肩部问题，还可以造成下背部问题。

下一个是肩胛提肌，这是一块小肌肉，与肩胛骨顶部相连，向上延伸至头盖骨的底部。顾名思义，当这块肌肉缩短时，可以提升肩胛骨。然而，如果肩胛骨没有提升，不管是什么原因，这块肌肉会拖拉颈部和头部。如果某人抱怨说"颈部有个结节"，那么毋庸置疑，这块肌肉肯定是首要问题。但是，肩胛提肌并不经常造成这一问题。大多数情况下，此肌肉只是根据身体姿势进行适应性调整。

　　本章最后讨论的一块肌肉是后三角肌。这块肌肉在肩部后面。三角肌的字面解释是"三角形的背"，因为三角肌是由三块肌肉组合而成，并形成了一个上下颠倒的三角形。要滚压这块肌肉需要技巧，如同滚压腘绳肌。如果有人患有身体前倾的症状，那么通常是这块肌肉被拉长了。

肩部的功能

　　肩部功能多样，因此可以完成多种动作。肩关节是上臂和肩胛骨连接的地方（盂肱关节），肩关节可以全方位移动。若只考虑前后动作，一个健康的关节其动作幅度能够超过240度。肩关节之所以被称为"球窝关节"，是因为它看起来就像是一个球嵌入一个圆窝。然而，肩关节的形状更像是一个高尔夫球放在球座上。球窝的结构并不能允许手臂顶部安全地连接。这种结构虽然能让我们感觉到运动自如，但是也会引起肩关节夹挤综合征。最常见的肩部疼痛是由手臂骨前移并压迫其他肌肉、神经和关节组织所导致的。随着时间推移，组织会红肿、发炎并引发疼痛。

对滚压肩部的支持和反对意见

　　显而易见，大多数人都需要滚压肩部。人们并不能正确利用肩部，并且重复性姿势会造成肩部周围的肌肉缩短并且出现问题。开始时，假如你佝偻着身体，背阔肌会缩短且拉动上臂向内旋转。如果此姿势持续时间太长，可能会挤压此区域的很多其他组织。此姿势同样也会拉动肩部后侧至伸展姿势，并拉长后三角肌。为了能稳定肩部，三角肌仍然收缩，并长期处于这个状态。你并不需要伸展这块肌肉，反而可以利用泡沫轴进行滚压。最后一个需要关注的肌肉是肩胛提肌。当身体向前佝偻时，此肌肉会收缩以保持水平视角并且稳定头部。

肩部泡沫轴滚压技巧

　　开始时，以1英寸/秒的速度滚压肩部，以确认敏感点。敏感点是你感觉到疼痛或不舒服的地方。按照一般原则，以1级（没有疼痛）到10级（最高疼痛等级）来划分疼痛等级，你需要找到疼痛等级在5~8级的区域。疼痛等级低于5级的区域还不需要进行针对性滚压，超过8级的区域则因太过疼痛而不适合进行针对性滚压。这些敏感点说明身体存在某种粘连、结节或扳机点。

　　一旦确认敏感点，放松正在滚压的肌肉并进行呼吸。这个过程应持续30~60秒，或者直到你感觉敏感度降低为止，然后可以加入一些小动作。但是每个不同的额外动作需要取决于你正在滚压的身体部位而定，大多数都遵循相同的模式——按压并拉申肌肉。通过施压并将关节向泡沫轴移动来加以实现。不要快速地上下滚压。

泡沫轴滚压背阔肌

　　背阔肌覆盖了大部分背部。但是，背部大部分区域都很敏感。因此，最好滚压靠近手臂的区域。

　　开始时，身体一侧躺在平整舒适的地面上。双腿重叠，稍微弯曲，这样髋部和膝盖可以得到放松。然后，把泡沫轴放在背阔肌下面，大概位于胸腔中部，同时肩胛骨还承担了部分压力。然后开始上下滚压，直到你找到敏感点，并且持续施压（见图9.3a）。保持此姿势时，通过把手臂放在身体正前方进行手臂滚压。我强烈建议滚压肩部，手掌朝上，因为通常情况下这样做比较舒服。下一步，继续按压肌肉，手臂向头部摆动，直到肩部完全屈曲（见图9.3b）。肩关节运动时如果感觉到任何疼痛症状，那么就没有必要完成整个动作。只需要把肩部移动到舒适的位置即可，要意识到在进行泡沫轴滚压时自然会产生一些不适感。

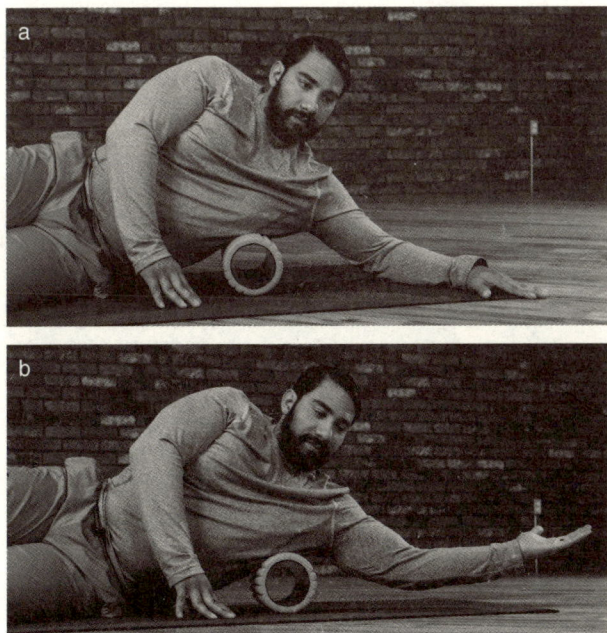

图9.3　泡沫轴滚压背阔肌：a. 上下滚压；b. 侧滚手臂

按摩球滚压背阔肌

这个技巧应用大按摩球，比泡沫轴要小一点，接触面积也要小，因此，按摩球能施加更大的压力。

开始时，侧身躺在平坦且舒适的地面上。双腿重叠，稍微弯曲，以使髋部和膝盖放松。然后，将按摩球放在背阔肌下面，大概位于胸腔中部，肩胛骨承担部分压力。上下滚压直到你找到敏感点并持续施压（见图9.4a）。持续施压时，手臂放在身体的正前方进行滚压。我强烈建议旋转肩部使手掌朝上，因为这样做通常比较舒适。下一步，继续滚压肌肉，并且手臂向头部摆动，直到肩部完全屈曲（见图9.4b）。如果在摆动时肩关节出现任何疼痛症状，那么你不需要完成整个动作。只需要把肩部移动到舒适的位置即可，要意识到进行按摩球滚压时自然会有一些不适感。

图9.4 按摩球滚压背阔肌：a. 上下滚压；b. 手臂摆动

按摩球滚压后三角肌

滚压后三角肌的方式有几种。我建议在进行这项放松练习时仰卧在光滑、舒适的地面上，因为通常情况下这种姿势比较舒适，因此，也更加有效率。如果你需要减轻下背部的压力，可以屈曲髋部和膝盖，让双脚放在地面上。按摩球置于地面上，肩部位于按摩球上，球位于肩关节的正后方。肩部呈90度姿势，让肌肉拉伸到合理的长度。这个技巧涉及的滚压动作很少，因此你只需要找到敏感点并持续施压（见图9.5a）。一段时期过后，或者敏感度降低之后，再进行肩部旋转。这个动作会对略微拉伸肌肉，以帮助肌肉放松和拉长。为进行旋转动作，肩部应该向外伸展至90度。然后屈曲手肘至90度，让手离开地面。下一步，保持施压的同时，缓慢地向下旋转手臂，手向地面靠近（图9.5b），始终维持施加在按摩球上的压力。

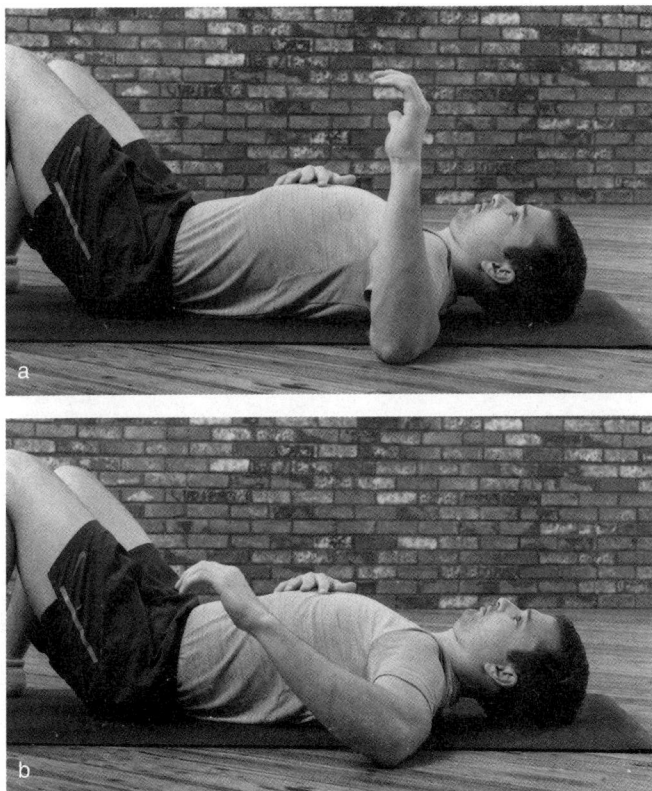

图9.5 按摩球滚压后三角肌：a. 持续施压；b. 旋转手臂

按摩球滚压肩胛提肌

　　开始时站在坚固的墙面附近，离墙面大约30厘米。将按摩球置于墙面和肌肉之间。确认肩胛提肌位置的最好方式是一只手往后伸，找到肩胛骨的顶端。内侧顶端靠近脊椎的位置，是肩胛提肌起始的位置，并且也是放松肌肉的最佳方位。一旦你找到这个点，靠在墙上，通常这个姿势可以帮助你找到最敏感的部位。如果没有找到，在此部位的周围移动球进行滚压，找到敏感点并持续施压（见图9.6a）。如果你需要更多的压力，双脚可远离墙面。在你持续施压一段时间后，或者敏感度降低后，手臂完成抬起动作。这个动作类似于背阔肌滚压放松时手臂的摆动动作，除了需要直立。手臂在身体一侧放松，尽可能抬高手臂超过头顶（见图9.6b）。如果你感觉到任何疼痛，那么此原则同样适用：如果肩关节感觉到任何疼痛，可以尽可能抬高手臂，直到疼痛感消失为止。

图9.6　按摩球滚压肩胛提肌：a. 持续施压；b. 抬高手臂

手 臂

肩部区域问题解决后，应该关注手臂了。我建议每个人，不管手臂是否有疼痛感，首先要关注可以控制肩部的肌肉。如果肩关节不能正常移动，那么手臂就会承受额外的压力。因此，尽管手臂应该重点关注，但是我仍然认为是次要部位。

手臂的基本解剖结构

本节将主要关注上臂。这个部位的结构相对简单。其中包含了肱部，并且与肩部和手肘处的下臂都有关联。在结构和功能上，手臂前方的肱二头肌（见图9.7a）和手臂后方的肱三头肌（见图9.7b），这两块肌肉都较为简单。前面的肌肉可以屈曲手肘，并帮助抬高整个手臂。背后的肌肉可以伸展手肘，并可以将整个手臂移动到身后。

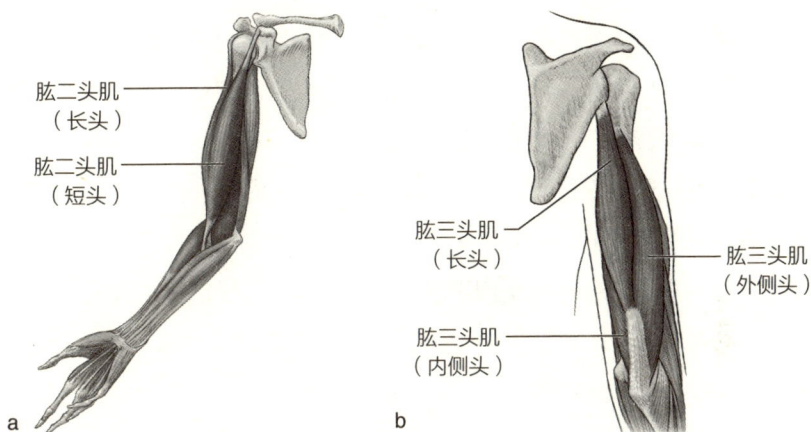

肱二头肌
（长头）

肱二头肌
（短头）

肱三头肌
（长头）

肱三头肌
（外侧头）

肱三头肌
（内侧头）

a   b

图9.7 上臂肌肉：a.肱二头肌；b.肱三头肌

简单来说，本章将前臂的肌肉称为伸肌和屈肌。伸肌位于手臂顶部并可以向上抬高双手。如果你扭动手指，可以发现手臂这个部位的肌肉在移动。因此，这些肌肉可以帮助你控制手指。当手腕位置中正时，手指肌腱会在此区域自如滑动。但是，如果你伸展手腕扭动手指，那么肌腱将以奇怪的角度移动。尽管这不仅仅是引起手腕问题的唯一原因，但是这是一个并发症。因此，我建议要注意伸肌。

手臂的功能

　　手臂功能相对比较简单，因为我们有手臂，因此可以自己进食。当然，你可以用手臂做其他事情，但重要的是用手臂给身体输送必要的营养。手臂的结构可以让我们轻易地抓取食物并送入口中。在实际生活中，你可能会用手臂提取物体、开门，并且用清楚的手臂姿势指挥交通。如果你想运用手臂完成不常见的动作，也许你可以像猴子在单双杠上摇摆、滚动或者爬行。手臂骨折或者缺失的人，才能意识到手臂在日常生活中的重要程度。手臂受伤或长期疼痛会对日常生活带来混乱的影响。上臂肌肉，同样也能促进理想的肩部功能。这些肌肉能够帮助手臂在肩部自如地上下移动，同时稳定肩部。这是一个最容易出现问题的部位。

对滚压手臂的支持和反对意见

　　滚压手臂肌肉可以恢复手臂的正常功能。手臂最容易出现问题的区域是上臂前面的肱二头肌。肱二头肌不会单独运动。它的作用通常是让不稳定的肩部保持稳定。但是如果肱二头肌用力过度，即使解决了肩部问题，其本身也会出现问题。由于肱二头肌连接肩关节，因此可以下拉肩部，使肩部前倾（见第8章）。肱二头肌最常见的问题之一是肱二头肌肌腱炎或肱二头肌肿胀发炎通常是由于不良姿势而导致的。如果你被确诊为肱二头肌肌腱炎，就不能剧烈滚压此部位，因为它早已经出现了不良症状。一个更简单的方法是使用较大、较软的泡沫轴滚压，效果更好。泡沫轴可以促进血液流动，也有可能促进损伤区域的修复。

　　前臂伸肌如果因为手腕长期伸展而变得缩短且过度活跃，那么就会有损于手腕内部的组织。同样这也会对手肘（肌肉连接处）造成额外的压力。这种疼痛通常被称为网球肘，即使是不打网球的人也会出现这种症状。使用较小的泡沫轴或者按摩球滚压这些肌肉，可以有助于减少紧绷度，并提高人体伸展这些肌肉的能力。

　　大多数情况下，尽管不是全部，能够对手臂产生影响的情况都是次要的。意思是，除非手臂受到直接冲击，或者你进行的某种运动可以在手臂上产生不同寻常或者重复性的压力时，那么你的手臂或手肘疼痛才是由于肩部的不良动作导致的。根据我15年来作为手法治疗师和私人教练员的经验，我已经评估了成千上万个手肘疼痛患者的肩部，超过一半人表现出肩部功能限制，导致手臂剩下的部位承受着异常的压力。假如经过治疗，肘部仍有疼痛感，可咨询医生。

手腕也有类似症状，这种症状通常是次要的。经常使用键盘的人会患有腕管疼痛，引发手腕慢性伸展姿势。泡沫轴滚压手腕周围的某些区域可以缓解不适感，但是要想长期清除不适感，就需要你改变工作环境中的不良姿势。当我正在计算机上打出这些字时，我的手腕被键盘抬高了大约2英寸，也就是5.1厘米。因此，我的手腕处于一个完全中正的位置，不会对神经和血管产生任何异常的压力。因此我们需要一段时间去适应键盘，但是最后肯定都是值得的。

手臂泡沫轴滚压技巧

开始时，缓慢地以1英寸/秒的速度滚压手臂区域，以找到敏感点。敏感点是你感觉到疼痛或不舒服的地方。按照一般原则，以1级（没有感觉到疼痛）到10级（想象的最高疼痛等级）来划分疼痛等级，一般我们寻找的敏感点，其疼痛等级在5~8级。疼痛等级低于5级的区域无须进行针对性滚压，高于8级则因太过疼痛而不适合进行针对性滚压。这些敏感点表面存在一些粘连、结节或扳机点。

一旦确认敏感点，放松正在滚压的肌肉，保持呼吸。这个过程持续30~60秒，或者直到敏感度降低为止，然后，可以增加一些小动作。然而每个不同的小动作都需要取决于正在滚压的身体部位，大多数都遵循相同的模式——按压并拉伸肌肉。通过持续施压以及将关节向滚压器移动靠近，你可以完成上述过程。不要快速地上下滚压。

开始之前请记住，假如你被确诊患有某些疾病，不要滚压肌肉深层（除非你在医生的监督之下）。另外，泡沫轴滚压手臂其他肌肉不会有任何问题。通常是肱二头肌和前臂伸肌可以造成手臂问题，因此本节也介绍了这些肌肉。

泡沫轴滚压前臂

　　常规泡沫轴足以滚压肱二头肌。这是本书中最简单且最舒适的放松方法之一。脸朝下俯卧。我建议你把没有进行滚压的手臂放在地上，这样你的头部能靠在手臂上面放松。为了找到敏感点，你必须在泡沫轴上侧向移动身体。我们发现这块肌肉上的敏感区域通常靠近肩部。一旦你找到敏感点，持续施压（见图9.8a）足够长的时间。或者你感到敏感度降低之后，再通过上下移动手臂（见图9.8b）和在泡沫轴上拖拽手臂来进行摩擦滚压。这个动作通常不需要太多的动作配合，因为进行此动作的目的只是对肌肉纤维施加拉力。

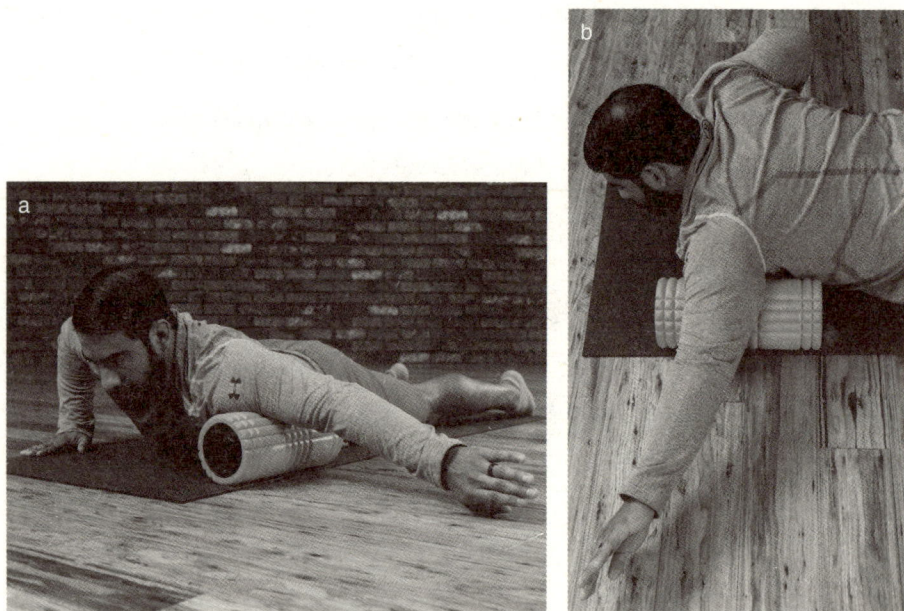

图9.8　泡沫轴滚压前臂：a.持续施压；b.上下移动手臂

按摩球滚压前臂

  当用按摩球滚压肱二头肌时，较大的按摩球通常能实现更好的效果。小的按摩球很难获得足够的压力。这也是一种非常舒适的放松方式。开始时，脸朝下俯卧，头部放在没有滚压的手臂上。然后，侧向移动身体以找到敏感点。一旦找到敏感点，持续施压（见图9.9a）。这块肌肉的敏感区域通常靠近肩部。滚压一段时间之后，或者你感觉到敏感度降低后，再通过上下移动手臂（见图9.9b），或者在按摩球上拖拽手臂来进行摩擦滚压。这个动作不需要太多的其他动作进行配合，因为进行此动作的目的只是对肌肉纤维施加拉力。

图9.9 按摩球滚压前臂：a.持续施压；b.上下移动手臂

按摩球滚压前臂伸肌

前臂放松可以使用任意尺寸的按摩球，尺寸稍小的球通常效果更好。不管你是在桌子上，还是在健身房的训练凳上，这种放松方式都能达到很不错的效果。开始时，身体置于凳子或者桌子的前面。然后，按摩球放在桌面上，前臂后部放在按摩球上方。在需要时可用没有滚压的手增加一点额外的压力。开始时的位置靠近手腕，向手肘滚压，直到你找到敏感点。一旦找到敏感点，持续施压的同时完全滚压手腕（见图9.10a）并完全屈曲手腕（见图9.10b）。

图9.10 按摩球滚压前臂伸肌：a. 持续施压一段时间后滚压手腕；b. 屈曲手腕

按摩球滚压前臂屈肌

你可以按照之前的技巧来完成此项技巧，除了你要把相对的肌肉放在按摩球上。开始时，身体置于桌子或者凳子的前面。然后，把按摩球置于桌面上，前臂的正面放在按摩球的上方。如果需要，可以用没有滚压的手施压额外的压力。开始时的位置靠近手腕，向手肘滚压，直到你找到敏感点。一旦找到敏感点，持续施压的同时完全滚压手腕（见图9.11a）并完全伸展手腕（见图9.11b）。

图9.11 按摩球滚压前臂屈肌：a. 持续施压一段时间后滚压手腕；b. 伸展手腕

　　肩部和手臂周围的肌肉能引起不同种类的功能障碍，从肩关节夹挤综合征到网球肘。但是，这些肌肉通常会和身体其他部位一起工作，尽管方式是错误的。因此，有必要滚压胸部和上背部区域，以从肩部和手臂放松中获得最大裨益。

第3部分

方案设计

第10章

全身评估

人们在健康和健身领域常犯的最大错误之一是不知道从哪里开始。就像画一张地图，你需要对世界的方位方向有一个清楚的认识，但是如果你不知道从哪里开始，那么因此你就不可能达到目的。大部分人在健身房刚开始都会模仿别人开始泡沫轴滚压，或者仅仅是滚压身体感觉到疼痛伤痛和紧绷的区域。但是，如果你想改变现状，最重要的是找到问题的根源。

雪莉·萨曼（Shirley Sahrmann）教授曾经说过，人们经常会把紧绷和僵硬相混淆。在她2002年出版的书籍中，她认为感觉到紧绷的肌肉，很少处于见到缩短而紧绷的情况，其实不然，这其实是僵硬的感觉，而且肌肉缩短和拉长的方式和它本身的方式相悖。你觉得应该用泡沫轴滚压这些肌肉，没有任何问题。但是，假如你有问题，比如长期下背部疼痛，那么你就必须要搞清楚哪块肌肉需要治疗。有些肌肉需要泡沫轴滚压和拉伸，但是其他肌肉可能需要力量训练。本章将教你如何对自己进行动作评估，并且能够让你了解柔韧性，以及你需要对哪块肌肉进行治疗和改善。

设计动作评估

在2012年的骨科操作治疗师（International Federation of Orthopedic Manipulative Physical Therapist）国际研讨会上，治疗师格雷·库克（Cook, 2012）说："在症状出现之前要先看预兆，我们必须发现功能障碍，然后设法进行改善。"库克研发了一系列测试方法来帮助确认引起运动功能障碍的原因。这些测试是为健身专家测试他们的客户而设计的。本书没有介绍库克测试，但是如果你感兴趣，可以自行查阅资料，做进一步的研究。

为了评估柔韧性和力量，本章将利用一些简单的下蹲测试。下蹲测试是库克筛选测试的一部分，美国国家运动医学学会同样使用下蹲来作为基本测试之一。下蹲时手臂举过头顶（过头式下蹲），这种方法可以快速判断身体的整体运动能力。当然，一个动作不能揭示所有的信息，但是这可以引导你往正确的方向努力。

为了能正确完成下蹲动作，身体必须要展示出恰当的柔韧性和力量。理想的下蹲动作需要满足下列要求：

- 脚踝20度动作；
- 膝盖120度动作；
- 髋部120度动作；
- 肩部180度动作。

可能需要测量更多的关节，但上述是主要关节，如果换成了其他关节，可能会引起其他部位的问题。比如，如果脚踝在下蹲时不能移动，那么就会增加髋部和下背部的压力。因此，紧绷的小腿可以限制脚踝的动作，这是造成下背部疼痛的因素之一。另外，很多肌肉能够影响这四个关节。因此，各种类型的泡沫轴滚压（或者你在日常生活中进行的拉伸运动）和这些关节多少有点关系。

过头式下蹲评估可以作为一种快速检测运动质量的方法。其他测试也可以确定身体的实际情况。但是，这些通常需要经过大量的专业训练和技能培训，并且必须由具有资格认证的专业医生来予以实施。

下蹲评估检测

下蹲是所有人都能做的动作，即使人们没有意识到自己在下蹲。但是，人们的下蹲动作通常是错误的。利用下蹲动作作为评估方法的关键要点是要确保下蹲动作的正确性。如果你让100人进行下蹲，你可能看到90种不同的下蹲方式。当然，每个人移动的方式可能略有不同。但是，相关研究已经表明身体的一些检测要点和伤痛密切相关。以下是详细的检测要点。

双脚向前

人类双脚的脚趾被设计得和鸭子不一样（鸭子的脚趾朝外，而人类在如图 10.1a 所示那样错误下蹲时脚趾才朝外），都朝前（见图 10.1b）。人脚就像是一个浮桥。在你走路、跑步、冲刺或者下蹲时，这种结构可以帮助支撑双脚。如果双脚得不到足够的支撑，那么脚和脚踝会做出补偿性动作，最常见的是在走路或者下蹲时双脚外翻。这改变了脚和小腿的整体生物力学结构，极易引发足底筋膜炎等疾病，并且对缓解慢性脚踝扭伤没有任何帮助。

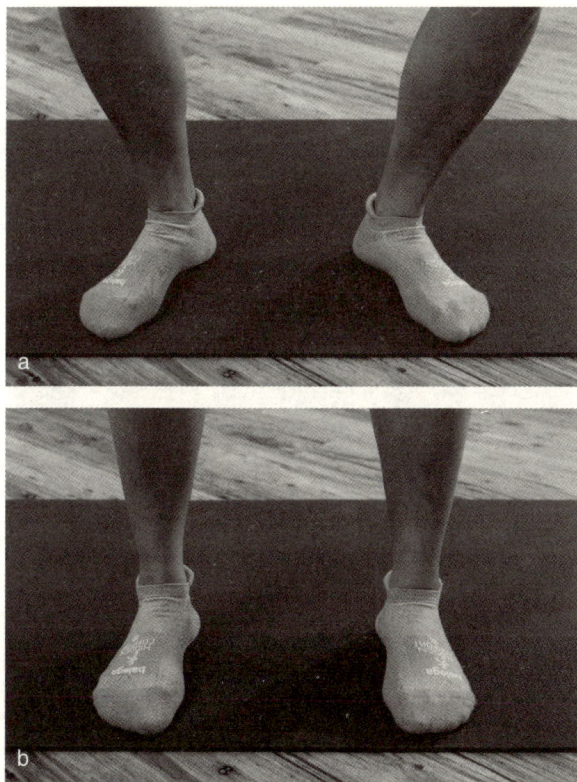

图10.1　下蹲的足部姿势：a. 错误；b. 正确

现在，假如你正在下蹲，准备打破举重世界纪录，你可能会双脚外翻以增大身体的支撑底面，举起更大的重量。但是，双脚的规范动作是直指前方。你可能会感觉到有点奇怪，因为这个部位的肌肉很有可能缩短以支撑你的走路方式，但是姿势标准并不意味着就是理想的走路姿势。你的目标应该是让自己恢复标准的走路姿势，即关节受到的压力最小，以防受伤。

膝盖对齐

膝盖（更具体地是指髌骨）的作用是让双脚处于一条直线上。这是下蹲评估中更加值得研究的一个方面。

膝盖移动时，无论双脚是向内还是向外移动，膝盖受伤的概率都会增加。研究人员贝尔、帕多瓦和克拉克（Bell，Padua & Clark，2008）发现，如果膝盖向内移动的距离过远，让髌骨与大脚趾内侧对齐，那么膝盖受伤的概率显著增加。膝盖向内移动是一种常见的补偿性动作，绝大程度上是由于脚和髋部的功能有障碍。但是，尽管很少见，膝盖向外移动过远的距离同样可以造成膝盖问题（见图10.2a）。因此，下蹲期间，膝盖应该和双脚保持在一条线上（见图10.2b）。另外，有这样一条要求：膝盖不能超过脚趾，这是基于之前的研究所得出的结论。新的研究表明，膝盖可以超过脚趾，只要膝盖没有向外或向内移动过远的距离即可。

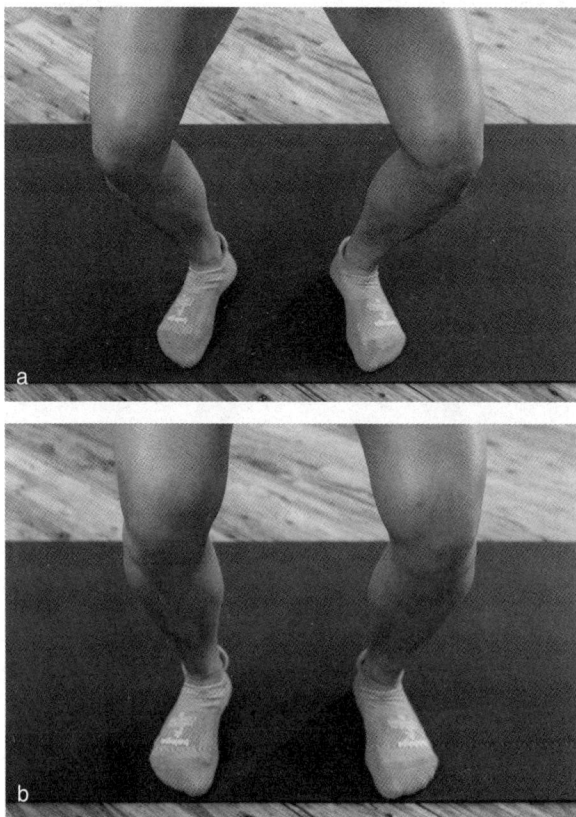

图10.2　下蹲时膝盖对齐：a. 错误；b. 正确

骨盆中正

骨盆保持中正的能力不仅和髋关节是否健康有关，也和下背部是否健康有关。由于脊椎和骨盆连接的方式，因此假如骨盆移动时，腰椎也会移动。因此，如果你在下蹲时保持骨盆中正，腰椎同样会保持中正，损伤和慢性疼痛发生的概率会降低。下蹲测试中的两种姿势能够判断一个人患上下背部疼痛的风险较大。最常见的是骨盆前倾姿势（见图10.3a）。这在当今社会中非常常见，因为人们久坐以及走路的方式，同时还有其他原因。这个姿势对下背部的组织造成了额外的、不必要的压力，并且能引起伤痛。下蹲时，骨盆和脊椎应该保持中正（见图10.3b）。一种辨别中正姿势的简单方式是尽可能远地向前倾斜骨盆（想象一下你的髋部是一个装满水的水桶，你正在把水从桶的前面倒出来），然后将骨盆尽可能地向后倾（想象你正在把水从桶的后面倒出来），最后在这两点之间移动，这两点间的某一点被认为是你的中正位置。接下来的目标是在下蹲时保持中正姿势。如果骨盆向任何方向倾斜，则髋部周围的肌肉有可能向这些方向移动。

图10.3 下蹲时骨盆姿势：a. 错误；b. 正确

躯干平行

　　在身体功能正常的情况下，恰当的动作可以产生绝佳和恰当的角度。下蹲时，如果脚踝、膝盖和髋部的移动功能均正常，那么膝盖和髋部屈曲的角度是一样的。假如有一个关节不能按照期望的方式移动，那么胫骨（小腿）和躯干就不能保持平行（见图10.4a）。然而，在下蹲期间，胫骨和躯干必须保持平行（见图10.4b）。

　　值得注意的是，在运动时，胫骨和躯干并不总是平行的。比如，只有在让躯干向前移动（髋部屈曲），同时确保膝盖屈曲很小的角度时，人体才能完成硬拉（可能是最有价值的一种运动）。但是，如果你在下蹲时，胫骨和躯干无法平行，那么你还有改善的空间。思考一下你进行下蹲动作的场景：在卫生间、上下车、坐下吃晚餐等。随着时间的推移，如果没有按照平行线原则进行重复性的下蹲动作，那么下背部的压力就会增加。

图10.4　下蹲时躯干姿势：a. 错误；b. 正确

手臂过头和对齐

对于大多数人来说，仅在下蹲时简单地把手臂举过头顶都很困难，这是因为肩胛骨周围的肌肉力量太弱，不足以支撑手臂举过头顶。这是一个红色警示：肩部周围的肌肉缺乏柔韧性，以至于不能进行全方位地运动，那么很有可能你的肩部已经有损伤，或者快要受伤了。在这个动作中，肩部屈曲，需要拉长肩部肌肉。当手臂举过头顶时，最重要的是保持脊椎中正。如果你的下背部呈弓形，同时手臂往上举，那么你的骨盆会做出补偿性动作，以让肩部进行额外的动作。虽然这能在短期内保护肩部，但是从长远来看，这会引起下背部和肩部问题。下蹲时，不能让手臂往前下落（见图10.5a）。肩部应该与身体保持一条直线（见图10.5b）。

图10.5　下蹲时手臂姿势：a.错误；b.正确

完成你的下蹲测试

过头式下蹲测试很容易自行实施，只要你有一个全身镜即可。如果没有全身镜，你可以让朋友在你完成测试时拍摄视频。我建议不穿鞋完成下蹲测试。鞋子通常能够为长距离步行提供支撑，但是当你想要观察身体的运动情况时，鞋子就没有太大的作用。当然也有下面两种例外情况：（1）你在健身房，不允许脱鞋；（2）你患有骨科疾病，医生让你穿鞋。这两种情况下你可以穿鞋下蹲。当然，商业品牌的非处方建议是无效的，只有骨科医生为你开具定制矫形器处方的情况下，你才可以穿鞋。

开始时，站立，双腿分开与肩部或髋部同宽。如上所述，双脚间距更大会更舒适，却不利于测试的效果，而且动作也不会很自然。双脚需要平行，且朝向前方。下蹲时可以想象你在滑雪时的姿势。髌骨需要和双脚保持同一方向。把手放在髋部，让髋部保持中正位置。尽量前倾骨盆，然后尽量后倾骨盆，最后将其保持在中正位置。双臂举过头顶。现在进行5~10次下蹲，臀部向下，大腿保持平行，以相对舒适的速度完成蹲起。正确的下蹲动作演示参见图10.6。

不需要你做得非常好，但是要保证你下蹲的深度符合测试要求的深度。出于测试的目的，也没有必要下蹲得很深。但是，大多数人会在他们进行补偿性动作之前尽可能往下蹲。尽管这一动作比较安全，但是却不现实。生活中，你需要下蹲的深度可能比你预计得还要深。也许你在洗手间体验过大腿平行这种深度的下蹲。假如你在过头式下蹲测试中出现补偿性动作，那么毋庸置疑的是，你在其他如坐下–起立或起立–坐下的动作中也会出现补偿性动作。长时间的补偿性动作会造成损伤。如果你在下蹲时感觉到任何部位的疼痛，请务必重视。如果疼痛到难以继续进行测试，请咨询医生。但是，如果进行过头式下蹲没有不适感，那么就继续完成测试。你可以从两个不同的视角来观察自己，一个是前视，另一个是侧视。

前视

直接看镜子即可。从这个视角看，你要检查双脚是否保持向前，以及你的双膝是否对齐。如果没有达到要求，那么你需要进行一些泡沫轴滚压和拉伸练习。在下蹲时你需要考虑站在什么样的地面上。如果你站在橡胶地面上，比如体育馆的地面，那么你会体验到稳定感。你也可能想找到一种优质的木质地面并穿上袜子。稍微有点打滑的地面能够让你更加清楚地观察到你的补偿性动作。

图10.6 下蹲的正确姿势

侧视

现在，身体旋转90度进行侧视。对独自测试的个体而言，这个动作可能具有一定的挑战性，但是你可以在下蹲时转动头部，来观察发生了什么。双脚和膝盖重新对齐。很多情况下，当人们转身时，他们的双脚会外翻，然后回到他们感到舒服的位置。站立时双脚间距较宽，能够让下蹲更加轻松，但是你却不能看到引起受伤的补偿性动作。再者，大腿大致平行，重复5~10次下蹲动作。先尝试观察你的脊椎是否保持中正，或者背部是否佝偻。然后尝试观察躯干和胫骨（小腿）是否接近平行，或者观察躯干是否过于前倾。最后在侧视中，可以观察手臂的动作。手臂是保持在头顶吗？手臂是往前下落吗？很多人在下蹲时手臂会四处移动。但是，在过头式下蹲测试中，手臂应该保持静止。

自己进行测试时，可以做一个表格提醒并记录检查项。如果不知道表格怎么做，可以在线搜索，或者自己设计一个，或者使用本书提供的（见图10.7）。在方框里面写上"是"或者"否"，来标记出现的补偿性动作。

	补偿性动作	是或者否	记录
前视	双脚外翻		
	膝盖内翻		
侧视	骨盆前倾		
	躯干过度前倾		
	手臂前落		

图10.7 下蹲测试检查清单

[源自：K. Stull, 2018, Complete guide to foam rolling (Champaign, IL: Human Kinetics).]

结果说明

一旦你完成了过头式下蹲测试，并且已经记下了你的测试情况，那么接下来就应该找到和你的发现相关的信息。图10.7列出的补偿性动作可能涉及多个肌群，这些肌群在之前的章节里已经讨论过了。接下来将告诉你出现某种补偿性动作时应该进行泡沫轴滚压的肌肉，以及应该查找的对应章节，这样就可以在需要的时候回顾相关内容。

双脚外翻

双脚外翻，大多数情况下是由于跨越踝关节的肌肉缩短。如果这些肌肉缺乏合适的延展性，那么身体就必须围绕关节移动。因此，假如这正是你主要的补偿性动作，那么你需要进行泡沫轴滚压的部位如下：

- 足底部（第5章）；
- 小腿（第5章）。

膝盖内翻

当膝盖内翻时，脚踝和髋部的组织会结合起来，一起提供补偿性动作（膝盖只是这两个关节的连接点）。因此，假如这是你主要的补偿性动作，那么你需要进行泡沫轴滚压的部位如下：

- 小腿（第5章）；
- 股四头肌（第6章）；
- 内收肌（第6章）；

- 阔筋膜张肌（第7章）；
- 梨状肌（第7章）。

骨盆前倾

长期处于坐姿的人（见于大多数人）会频繁发生骨盆前倾的补偿性动作。坐下的时候，髋部前面的肌肉会缩短，后面的肌肉拉长。如果长时间处于坐姿，与身体试图拉长的那些肌肉部位相比，身体更容易适应这个姿势。另外，上身的一处肌肉与骨盆后面相连，也会造成这一动作模式。因此，假如这是你主要的补偿性动作，那么需要进行泡沫轴滚压的部位：

- 股四头肌（第6章）；
- 阔筋膜张肌（第7章）；
- 梨状肌（第7章）；
- 背阔肌（第9章）。

躯干过度前倾

躯干过度前倾这种补偿性动作通常意味着身体需要保持自身的重心稳定。大多数情况下，这只发生在小腿失去柔韧性的情况下。但是，髋部周围少数肌肉的功能障碍也会造成这一问题。因此，假如这是你主要的补偿性动作，那么需要进行泡沫轴滚压的部位如下：

- 小腿（第5章）；
- 股四头肌（第6章）；
- 阔筋膜张肌（第7章）。

手臂前落

最后一个补偿性动作是手臂往前下落。如果胸部和背部肌肉会下拉手臂，那么通常是因为错误的动作模式。但是，上背部僵硬同样也会限制手臂举过头顶。因此，假如这是你主要的补偿性动作，那么你需要进行泡沫轴滚压的部位如下：

- 胸椎（第8章）；
- 胸肌（第8章）；
- 背阔肌（第9章）。

你可能已经注意到，一些肌肉群在测试中出现多次，而本书中提到的其他肌肉群却不在需要滚压的列表之中。列表中出现多次的部位是大多数人易患功能障碍的部位，包括小腿、股四头肌、梨状肌和背阔肌。可以肯定的是，对于任何人来说，每天对这些部位进行泡沫轴滚压就能从中获益。有些肌肉根本没有出现在需要滚压的列表中，比如肩胛提肌、二头肌和三头肌，但这并不意味着这些肌肉不重要，只是意味着这些部位很少出现问题，或者这些肌肉很难进行测试。你不妨回忆一下，肩胛提肌（见第9章）是肩部的一部分，并且靠近颈部的敏感区。滚压肩胛提肌并不是没有益处，但是如果你有颈部疼痛，最好在滚压前先咨询医生。另外，很多手臂肌肉（见第9章）也没有出现在列表之中。这些肌肉是很好进行滚压的，但是要确认这些肌肉是不是引起动作问题的一个因素还需要进行更加具体的测试，这超出了本书的范围。

此外，你展示出来的可能不只有上述提到的一种补偿性动作。正如你所看到的，很多肌肉都与多种补偿性动作有关。以小腿肌肉为例，它与三种完全不同的错误动作模式有关。你没有必要每天滚压所有的身体部位。相反，先滚压最疼痛的部位，再滚压次疼痛的部位。然后，每周安排三天滚压造成错误动作模式的肌肉，安排两天滚压次要肌肉，再安排一天休息。

泡沫轴滚压有很多特别的目标，从提高运动表现水平到减少肌肉酸痛感及加速身体恢复。但是，要想从泡沫轴滚压中获得较大的益处，就需要进行动作测试，并以此作为制定计划的依据。过头式下蹲测试能让你对身体运动模式有一个直观的认识，并告诉你能够做什么来维持或优化运动模式。这能帮助你快速实现自己的目标。

第11章

热 身

在运动之前进行恰当的热身运动，对活动的安全性和高水平的运动表现来说是基本要求。热身环节并不复杂，但是常常被误解。其关键不是必须提高身体温度，而是让身体各部分为更复杂的运动做好准备。当肌肉不能按照其自身的方式进行放松和收缩，那么就会增加肌肉伤痛拉紧的风险。另外，热身并非只能在运动之前进行，你可以在即将开始久坐之前进行热身。久坐会对身体造成异常的压力，造成的损伤和很多运动损伤类似。不管进行任何运动，最好的热身方式之一是泡沫轴滚压。之前的章节介绍的滚压技巧可以提高身体血液流畅和运动的能力，从而减少运动或久坐的过程中的异常压力。本章将讨论在运动之前进行泡沫轴滚压的方式，可以让你做好运动准备，并且展示出充沛的力量。

运动前进行泡沫轴滚压的益处

第1章介绍了近期大量有关泡沫轴滚压的文献。目前已经有多个研究证明，在体育运动之前的热身活动中加入泡沫轴滚压的作用。在简要的文献综述中，有一项研究发现在测试跳高之前进行泡沫轴滚压，可以提高跳高的能力；其他研究则表明，泡沫轴滚压可以提高肌肉收缩的能力。另一个研究则表明，在运动前进行泡沫轴滚压可以减轻身体的疲劳度。还有研究发现，泡沫轴滚压可以在不影响运动表现水平的情况下，提升身体运动的柔韧性和动作幅度。这对一些运动人群非常重要，因为某些类型的拉伸运动会对运动表现水平产生不良影响。研究结果表明，只在小腿进行泡沫轴滚压之后，大腿的血液流动情况也会改善。这些发现和专家关于在运动之前进行泡沫轴滚压的建议一致，因其可以降低受伤概率。但是现在缺乏关于泡沫轴滚压和受伤概率的长期研究结果，来证明上述发现。但是短期研究已表明，使用泡沫轴滚压可以改善血液流动和提高整体灵活性，降低因过度使用而带来的损伤概率。我认为这是事实。

热身被定义为运动前的准备。热身的价值在于可以改善身体即将用到的某些部位的血液流动。常见的热身运动包括进行一些强度较低的活动，大多数情况下基本都是一些类似的活动。这样做并非完全没有效果，只是并没有促进血液流动或者让身体组织做好运动前的准备。这就是泡沫轴滚压的积极影响所在。泡沫轴滚压直接在肌肉上施加压力，能够促进全身的血液流动。因此，美国国家运动医学学会、TriggerPoint及其他信誉良好的组织建议，在热身开始时使用泡沫轴滚压，这通常被称为"运动准备"。运动准备包含多个拉伸技巧，这应该基于运动测试的结果，并且随时间而改变。

正如第10章所提及的内容，泡沫轴滚压的部位应基于你的运动方式，而不是你主观的感觉，也不是你所进行的运动。如果你的运动功能良好，感觉良好，可以滚压任何部位。如果你正在遭受疼痛，可以利用第10章中的测试结果作为依据。目前还没有一个你可以遵循的确切的运动计划，因为理想的计划是基于你个人的运动方式。通常情况下，泡沫轴滚压计划应该因人而异。也就是说，每个人都应该有一个符合自己具体运动方式的滚压标准。如果没有，不管是什么样的运动，都会加大其受伤风险。这就意味着，并不存在所有跑步者都应滚压的神奇部位。同样，在周末骑车并不意味着你需要进行特定的滚压。但是，许多跑步者都具有同样的伤病，在周末骑车可能会改变你特定的运动方式。因此，本章将提供一些泡沫轴滚压的常规指南。

我在健康和健身领域工作了13年，对人类的运动原理有一个清晰的了解，发现人体有很多需要密切关注的部位。卡西迪·菲利普斯推荐人们最需要关注的六处基本部位（也称为"六根本"）：

- 小腿的比目鱼肌；
- 大腿的股四头肌；
- 髋部深处的梨状肌；
- 腹部区域的腰大肌；

- 上背部的胸椎；
- 胸部的胸肌。

多年的案例研究显示，这六处部位确实经常出现在大多数积极运动的人群之中（其中有一个部位例外，没有显现出大多数人所认为的功能障碍，这就是腰大肌）。但是令人惊奇的是，很多运动员受伤情况都很相似，大多数都是重复性运动和过度使用而导致的受伤。看似不同寻常的是，大多数这些常出现在久坐人群中的伤痛问题，竟然出现在竞技性运动员中。因此，不管选择进行何种运动，你最常滚压的部位肯定是"六根本"中的一处。

在进行下一步之前你需要考虑一件事，那就是在身体接触类运动中长期存在的一种损伤。如果一个橄榄球中后卫球员撞了你的一侧膝盖，你很有可能会受伤。这种受伤，不管你进行多少泡沫轴滚压，都不可能预防这种接触性受伤。

特定运动和常见活动的热身指南

任何类型的活动都会对身体造成压力。身体承受压力是好事，因为这能促进身体的适应性。但是，压力过大或者身体某部位集中承受的压力过大将导致过度使用损伤。很多在运动中的损伤都和过度使用有关。并不是身体不能调节以应对压力，而是有些特定的部位，比如足部、膝盖和髋部受到的压力超出了它们的承受范围。下一个节将讨论一些常见的运动和日常活动，并且推荐一些需要在热身开始进行滚压的关键肌肉群。

跑步

跑步是世界上最受欢迎的运动之一。一个最近的趋势研究表明，去健身房的人正在减少，而参与越野运动的人越来越多（ACSM, 2016）。这是一个非常好的消息，因为人类的身体本来就需要跑动。但是，当身体紧绷、僵硬或者仅仅是功能紊乱时，跑步只能给膝盖、髋部和下背部造成极大的伤害。我经常听到长期跑步者说："我的膝盖状况很差，因为我经常跑步。"他们相信长年累月的冲击力最终会引发问题。事实上，跑步不会引起任何问题，而是他们跑步的方式不对。发表在*Journal of Sports Sciences*上的一项研究结果认为，理想的跑步方式不会造成冲击力，但是错误的跑步姿势会对膝盖施加大于体重33倍的压力（Harrison et al., 1996）。因此，如果你是一个长期跑步的人，一定要注意你的跑步方式是否正确合理。你可以向跑步教练或研究跑步的专业人士寻求帮助。即使你是一个"只在周末跑步的人"，花点时间和费用学习正确的跑步方式，这可以为你节省不少膝盖置换手术的花费。

泡沫轴滚压下列四个部位，作为热身的部分内容，可以帮助你改善跑步姿势（记住，要想获得最好的结果，必须进行测试）：

- 小腿；
- 阔筋膜张肌；
- 股外侧肌；
- 胸椎。

骑车

骑车是一种冲击力很小的运动。这种运动对于那些有疼痛症状，且以减肥为目标的人群来说，是比较令人振奋且有效的一种运动方式。但是，令人惊奇的是，很多自行车手常抱怨的一句话是膝盖疼痛，并且大多数人认为这是过度运动造成的。但是，与我们在跑步中的发现相同，骑车时的确无须膝盖受力。因此，过度使用并非理由，原因在于膝盖的运动方式发生了错误。许多车手的大腿肌肉和小腿肌肉很发达。这看起来很强壮，但是这些肌肉太紧太短，这会改变运动方式，导致周围关节过度磨损和拉伤。为了能让下身做好骑车的合理准备，可以使用泡沫轴滚压下列部位：

- 小腿；
- 股四头肌；
- 腘绳肌。

许多车手的上身同样遭受疼痛的困扰。在骑车时下背部疼痛和颈部紧张是常见现象。这些部位的疼痛与膝盖疼痛的原因略有不同。骑车时，符合空气动力学的姿势会使下背部处于屈曲姿势。下背部很容易屈曲，然而导致背部疼痛的一个主要原因是，每天长达数小时甚至十多个小时的下背部屈曲。骑车并非是导致疼痛的单一原因，但是会导致下背部的压力积压及长时间的久坐。另外，从空气动力学的角度来说，头部上扬，眼睛目视前方才是标准的姿势。通常情况下，我建议训练颈部保持中正位置。但是，当你快速骑行下坡时，你需要目视前进的方向。随着时间的推移，这也可能造成颈部紧张和疼痛。作为一名康复专家，当有人向我问起这个问题时，我必须告诉他们："你们选择的运动不会造成疼痛，但是却对缓解疼痛没有益处。"我和很多喜爱他们专项的运动员共事过，相当一部分不得不放弃运动或长时间休息。因此，泡沫轴滚压以下部位，并将其作为日常热身的部分内容，能够有助于缓解不适感，但是却不能完全清除和预防身体不适。

- 胸椎；
- 胸肌；
- 上斜方肌。

游泳

游泳的运动量很大，不管游泳者是专业运动员还是业余爱好者。游泳时要掌握动作和呼吸的协调性，但是少有人能正确掌握。*American Journal of Sports Medicine* 刊登了一篇综合性研究的成果。该研究发现，精英级游泳运动员每参加一千次训练，受伤的次数大概是四次（Wolf et al., 2009）。最常见的是肩部受伤，超过90%的运动员都具有不同程度的肩部疼痛。这一结果并不奇怪，因为肩部的训练时间、运动量及产生的力都是极大的。当胸部和背部肌肉由于过度使用或长期处于久坐状态而缩短且过度活跃，这些肌肉能拉动肩部，限制肩部的动作范围。但是，标准游泳姿势需要全动作范围。许多游泳运动员在游泳时受伤，很有可能是由于让已经受到限制的部位进行强制运动。为了防止受伤，又或者肩部已经受伤，那么需要在游泳前用泡沫轴滚压下列部位：

- 胸椎；
- 胸肌；
- 背阔肌。

令人奇怪的是，在游泳运动中，膝盖受伤的情况仅次于肩部受伤，紧随其后的是下背部疼痛。兼岗等人（Kaneoka et al., 2007）发现，56 名精英级运动员中，68%患有椎间盘退化。这多见于腰椎骨末端和骶骨之间的椎间盘，这也是背部疼痛的常见部位。如此高的比例，必定不是偶然。但是，像大多数体育运动一样，一些热衷于游泳的人并不会因为一点小疼痛就放弃游泳。我并不赞同"没有痛苦就没有收获"这种观点，疼痛是有原因的，是你的身体在暗示你立刻停止，或者尝试另一种运动方式。尽管如此，假如你仍要继续，那么就在热身计划中加入一些简便且可以预防膝盖和下背部疼痛的泡沫轴滚压技巧：

- 股四头肌；
- 内收肌；
- 髂胫束。

登山

　　登山是一项很少有人能将其与受伤联系在一起的运动，除非你是一名登山爱好者。登山时受伤将是一天痛苦的开始。很多登山者喜欢在危险的区域进行深度旅行，或者喜欢去能快速见到极端天气变化的高山区。快速移动至安全地带能拯救你的生命。登山者常见的受伤类型是脚踝扭伤。大多数情况下，脚踝扭伤被认为是一种非接触型损伤，因此可以避免。但是，考虑到登山包括翻越湿滑的岩石和处于深深山缝中的山路，那么此时可以将脚踝受伤视为"接触型"损伤，至少是不可避免的。现在还没有有效的可以防止从岩石上滑落和扭伤脚踝的方法。但是，如果脚踝和整个下肢血液流动通畅，热身活动充足全面，那么可以降低受伤的严重程度。在登山前，用五分钟滚压下列部位：

- 足部；
- 小腿；
- 股四头肌；
- 内收肌；
- 腘绳肌；
- 髋部。

举重

　　在重量训练和举重运动中，最常见的受伤是过度使用损伤。记住，过度使用损伤是完全可以避免的。充分的热身可以有效降低受伤的概率。举重运动中最常见的受伤类型是肩部受伤（包括肩关节夹挤征和肩袖撕裂）、髌腱炎、背部拉伤和扭伤。肩关节夹挤征极其常见，大多数情况下与姿势错误和举重方式错误有关。背部拉伤和扭伤与长期久坐人群所具有的相似不良姿势有关。这些姿势对背部施加了太多的压力。假如你有任何不良姿势和举重方式错误的问题，你可以在进行训练前咨询有资格认证的私人教练。

　　记住，一个理想的泡沫轴滚压计划，应该基于你运动的方式而不是你感觉的方式。先进行运动评估，再在热身活动中对下列肌肉进行泡沫轴滚压，以预防在举重中受伤：

- 小腿；
- 股四头肌；

- 髋部；
- 胸椎；
- 胸肌；
- 背阔肌。

交叉训练

交叉训练是一种极其简单且最受欢迎的训练或运动形式。它被定义为进行两项或更多的体育运动，以提高健康和运动表现水平。因此，交叉训练可以结合举重和跑步运动。根据专家的观点，每个人都应该进行交叉训练。受伤的主要原因之一是过度使用。人的身体需要运动，而且运动的方式也各有不同。但是重复性运动会导致过度使用损伤。假如你是一个跑步者，跑步会给身体带来压力，这是良性压力，身体需要时间进行修复和恢复。假如你是一个交叉训练者，你必须让身体有足够的时间从跑步运动中恢复，然后再进行一个如滑雪等完全不同的运动（可以是运动模式与跑步不同的任何运动）。但是，不要认为任何不同的运动都是可以的。跑步和自行车，运动形式不同，但是身体的运动模式是相似的。脚踝、膝盖和髋部在这两个运动中基本都遵循相同的运动模式。因此，为真正达到交叉训练的益处，跑步不要和自行车相结合，因为运动模式基本相同。你可以尝试一种完全不同的运动模式，比如滑雪、滑冰、舞蹈或举重训练等全身运动模式。

既然交叉训练结合了多种运动，那么利用泡沫轴滚压某些组合部位也是有道理的。以下是一些需要滚压的部位（注意，将评估结果作为你选择滚压部位的依据）：

- 小腿；
- 股四头肌；
- 髋部；
- 胸椎；
- 胸肌。

久坐

美国劳工部（U.S. Department of Labor, 2015）表明，在所有职业损伤中，有32%是属于肌肉骨骼类损伤。他们将肌肉骨骼损伤定义为软组织（肌肉、肌腱、韧带和关节）功能紊乱和受伤。大部分受伤出现在手臂和背部。职业损伤不仅使生产效率降低，而且会影响士气。本书不能替代全面的健康计划，但是在工作日期间利用泡沫轴多次滚压下列几个部位，可以减轻久坐产生的不适感：

- 髋部；
- 腘绳肌；
- 胸椎；
- 胸肌；
- 背阔肌。

应对下背部疼痛

本章主要讨论在进行体育运动之前应该滚压的身体部位。但是，许多患有特定疾病的人需要简单地活动肌肉，以应对每天的日常活动。比如，超过80%的人都患有下背部疼痛，并且在大多数情况下，这些疼痛都不是因为体育活动而引起的。因此，下背部疼痛常被认为是由过度使用引起的。当某一块肌肉拉动髋部，并且其他肌肉不能支撑时，下背部的结构就要为这种情况付出代价。下背部疼痛与很多组织都有关联，因此假如你感觉到明显的疼痛，一定要在进行泡沫轴滚压前咨询医生。假如你可以开始进行泡沫轴滚压计划，那么就可以从滚压下列肌肉开始。这些肌肉可能不会直接影响下背部，但是确实影响全身的生物力学机制。下背疼痛的生物力学机制起源于根基。如果脚踝不能正常运动，那么脚踝以上的关节就会承受极大的压力。因此，从根基开始，滚压下列部位：

- 小腿；
- 股四头肌；
- 髋部；
- 胸椎。

人们常对下背部疼痛产生困惑的原因是下背部和腘绳肌。下背部本身不会造成疼痛。事实上，下背部会为了保护自身而紧绷。因此，使用泡沫轴滚压下背部可以在短期内缓解疼痛，但是却不能从根本上解决问题。腘绳肌也被认为是类似的情况。患有下背部疼痛的人，其腘绳肌也会紧绷。但是，通常情况下它们是紧张和僵硬的状态，而不是紧绷和缩短。泡沫轴滚压腘绳肌不会对任何部位产生伤害，但是再次强调，泡沫轴滚压不能解决根本问题。我建议你用两到三周的时间去提高这部分列出的肌肉的灵活性。如果要增加额外的运动，可以进行一些核心稳定性练习。这可以包括一些臀桥（强化髋部）和平板支撑（强化核心肌肉）练习。

预防损伤

　　我们一直都在致力于预防损伤。当然不总是可行，但我们应该这样做。一些特定的损伤，如肩部伤痛，不仅会疼痛，而且很难控制。有专家估计，超过25%的美国人正在遭受肩部伤痛，其中超过40%的肩部伤痛已经持续两年以上。因此，最好的方法是预防肩部伤痛。对于所有损伤来说，最好的预测因素都是以前的受伤经历。最好的伤痛预防计划应基于运动评估。但是，如果因某些原因你不能进行运动评估，你可以用泡沫轴滚压下列部位，以准备进行一天的活动和锻炼：

- 小腿；
- 股四头肌；
- 髋部；
- 胸椎；
- 胸肌。

　　正如你所看到的，同样的肌肉在本章列出的滚压部位中出现了多次。暂且不论体育运动和受伤的种类，很多功能障碍的发生都是互相关联的，并且都是由同一块肌肉引起的。很多运动员和运动爱好者都相信他们的运动是独一无二的。但是对于人类身体来说，所有的体育运动都有相似的运动模式。人体能够在特定的动作范围内移动。假如人体具有全动作范围且全部的运动功能正常，那么就能减少受伤的概率，无论进行的是何种运动。你可以将泡沫轴滚压整合到热身环节之中，作为全身动态运动准备计划的一部分。泡沫轴滚压直接对肌肉施加压力，不仅可以提高运动表现水平，还能促进目标部位的血液流动。如果你在运动前用5~10分钟进行泡沫轴滚压，以让身体做好充分的准备，那么你就能更有效地预防受伤。

第12章

柔韧性

柔韧性是每个人必须具备的健康因素成分之一。但是你没有必要去要求自己在80岁的时候还具备8岁时的柔韧性，运动能力的降低、受伤程度的加剧及生活质量的下降都与柔韧性下降有关。大部分人群都会因柔韧性降低而受到影响。

美国国家运动医学学会把柔韧性定义为软组织的正常伸展能力，也就是能够让关节在其动作范围内正常移动（McGill & Montel, 2017）的能力。换言之，身体应该能按照自己的理想方式运动。此定义的关键部分是"正常伸展能力"，因为柔韧性训练计划的目标是维持正常能力或者恢复正常能力。

但是在大多数情况下，人们总是希望达到更高的标准，也许这是人类的天性使然。但是，拉伸运动并不是越多越好。只有适合自己的才是最好的。你可以使用特定的工具（专为关节设计的）以确定对自己的身体来说，什么是"正常"。你还能通过第10章的测试来快速确定自己的柔韧性。具备完成一个下蹲的能力（在可承受的范围内）通常表示一个人的移动能力很好，足以完成他们喜爱的运动，而且受伤的概率极低。

本章将从讨论各种类型的柔韧性开始，以及泡沫轴滚压如何帮助人们实现每个目标。然后，本章还会强调一些常见的拉伸类型。本章将解释如何正确设定和执行每个拉伸运动，以确保你能从中获得最大的益处，而不至于浪费你的时间。

柔韧性训练类型

考虑到人体和运动的各个方面，柔韧性训练也有不同的类型。所有的训练都是有效的，但是必须系统地进行才能获得最大益处。

静态拉伸

第一种可以提高柔韧性的拉伸方式是静态拉伸。顾名思义，静态拉伸是不需要运动的拉伸。为了进行静态拉伸，你需要稍微拉紧肌肉，并持续30~45秒。静态拉伸最大的用处之一就是可以拉长肌肉。然而，静态拉伸有时不为人喜欢，通常是因为误解。关于静态拉伸的争论是有人认为静态拉伸会降低肌肉力的产出。这在某些情况下确实如此。但是假如一块肌肉被确定为缩短且过度活跃（肌肉太强壮），那么力的产出略有减少对身体其余部位反而有好处。

主动拉伸

静态拉伸进行几周之后，你应该进阶至主动拉伸。主动拉伸，顾名思义，拉伸包含了一些运动。主动拉伸时，你应该使用和静态拉伸类似的动作，但不是持续30秒，而是持续2~4秒。主动拉伸是维持从静态拉伸中获得的柔韧性的最佳方式，但是却不会降低肌肉产出力的能力。

动态拉伸

在持续几周的主动拉伸之后，进阶至常规的动态拉伸。动态拉伸是指利用体重让身体进行全动作范围内的练习。这种练习通常针对接下来的运动用到的肌肉群。可以想象一下跑步。跑步前的最佳动态拉伸是进行一些摆腿动作，以让髋部移动。再举个例子，假如你准备进行上肢运动，你可以做10个俯卧撑。动态拉伸是运动前一种极受欢迎的柔韧性训练方式。但是，动态拉伸只能在你身体功能正常的情况下进行。有些人的动态拉伸方式是错误的，这种现象非常常见，这是因为他们没有先进行静态拉伸和主动拉伸。你可以用数月时间去进行以上三种柔韧性训练方法。

泡沫轴滚压可以在所有柔韧性训练之前使用。正如第1章中的研究成果表明，在静态拉伸前进行泡沫轴滚压，是让肌肉恢复正常长度的最佳方式。另外，专家也经常建议在拉伸之前先"热身"。泡沫轴滚压有助于改善身体血液流动不好的部位，如肌腱和韧带。另外，泡沫轴滚压施加的压力较柔和，可以减少张力及影响身体正常运动的结节。因此，泡沫轴滚压是一种可以在柔韧性练习之前进行的理想活动。

当柔韧性练习结合其他练习时，其效果最佳。比如，针对拉伸肌肉的对侧肌肉进行一些低强度的强化练习，可以获得较好的效果。又如，如果你的股四头肌紧绷，则可以把柔韧性练习与腘绳肌卷曲练习或臀部练习相结合，以获得长期的运动能力改善。这种模式效果很好，因为这些运动可以防止身体恢复到更舒适却有功能障碍的姿势。假如你有肌肉不平衡症状，那么对你来说，舒适的姿势是紧绷的肌肉被允许紧绷和缩短的姿势，这种姿势其实是不良姿势。唯一可以改善肌肉紧绷的方法是强化这些肌肉。

正确的拉伸技巧

为提高肌肉柔韧性，你必须以正确的方式拉伸。这是我迄今为止见到的最棘手的问题。很多人都说他们不能正确拉伸，因此他们的拉伸动作往往会对身体造成更大的伤害。你可以通过观察你的姿势来提高拉伸动作的效果。下列是一些需要拉伸的肌肉及最常见的错误姿势和纠正方法。记住，正确的拉伸可能会带来不适感，但是不应该产生疼痛（除非是专业人士让你进行某些特定的拉伸）。当你一个人拉伸时，可通过保持拉伸动作一致及遵守一些简单的原则，来避免进一步的伤害。一定先用泡沫轴滚压这些部位。

小 腿

小腿肌肉会由于某些原因而经常出现缩短或其他问题。最明显的一个原因是我们所穿的鞋。很多人都穿着高跟鞋。尽管现在有越来越多的鞋子都降低了鞋跟的高度，但是其高度还是高于自然高度。我们的双脚需要平放在地面上，脚跟和脚掌需要在同一水平线上。当脚跟抬高时，与足底部相连的所有肌肉和跟骨，以及小腿后侧的肌肉都会缩短。随着时间推移，这些肌肉会适应这种缩短的姿势，然后变得紧绷。这种紧绷感改变了身体运动的方式，会导致一种不明显的后果：小腿缩短。当肌肉缩短时，它们不会在应拉长的时候拉长。因此，在走路或跑步时，身体会自己找一种方法来移动缩短的肌肉，而不是适当地拉长它。假如你去观察别人走路，你就能轻易地发现这种现象。大多数情况下，小腿肌肉较短的人会出现脚趾外翻的现象，而且比那些小腿肌肉不紧绷的人要明显。脚趾外翻会加剧肌肉紧绷。

为了拉伸小腿，可以站在坚固的墙壁前面，与墙的间距为一只手臂的长度，双手置于墙上。腿在身后伸展6~8英寸。确保脚直指前方。然后，没有伸展的另一条腿靠近墙面。收缩伸展腿的股四头肌和臀肌（见图12.1a），然后将身体和腿缓慢靠在墙上（见图12.1b）。斜靠在墙面上时，移动踝关节，而不是髋部。从脚跟至耳朵，整个身体需要保持一条直线。避免脚趾触墙。这个姿势可以让你产生小腿被拉伸的感觉，但它拉伸的是足底部的结缔组织。虽然一些人需要拉伸这个部位，但是大多数人不需要。因此，对于小腿拉伸来说，最主要的是脚要平放在地面上。

假如是进行静态拉伸，在换腿前保持这个姿势30~45秒。假如进行主动拉伸，保持2~4秒，然后在换腿前重复6~8次。假如进行动态拉伸，基本的下蹲和箭步蹲有助于拉伸整个小腿。

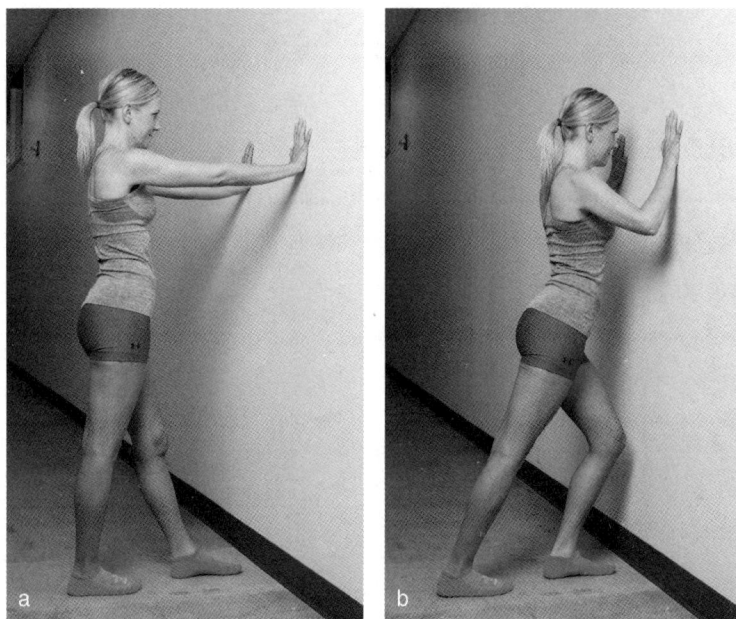

图12.1 小腿拉伸

髋屈肌和股四头肌

股四头肌与小腿相似，都体积大、力量大，且经常出现问题。由于这些肌肉的位置，我们在拉伸股四头肌的同时也要拉伸髋屈肌。拉伸股四头肌有很多种方式，但是最有效的一个方式是进行半跪式髋屈肌和股四头肌拉伸。

为了拉伸股四头肌和髋屈肌，一侧膝盖跪在地上，对侧膝盖则呈半跪姿势。假如你的膝盖很敏感，放一个垫子在膝盖下面以确保舒适。髋部和跪地膝盖应该保持在一条直线上，确保双脚是直的。下一步，确保骨盆处于中正位置或者稍微后倾，这样你可以挤压臀肌，并让臀肌略微折叠（见图12.2a）。这是这种拉伸最主要的补偿性动作之一。大多数情况下，人们经常让骨盆前倾，这会缩短髋屈肌并会阻止拉伸。一旦姿势正确，缓慢地推动髋部，使其前倾至第一个紧张点（见图12.2b）。

假如进行静态拉伸，在换腿之前保持这个姿势30~45秒。假如进行主动拉伸，动作要缓慢。然后，换对侧重复此过程。另外，髋屈肌和股四头肌的动态拉伸，基本下蹲或者旋转下蹲也能起到很好的作用。

图12.2 髋屈肌和股四头肌拉伸

内 收 肌

内收肌位于大腿内侧，但是内收肌的作用不仅仅是让大腿并拢。这些肌肉是为了协助人们完成每天的日常活动，比如走路和跑步等。

为了拉伸内收肌，开始时双脚要分开（见图12.3a）。髋部移动至90度，双脚分开，间距大于肩宽，但是，要注意不要让自己处于不稳定的姿势状态。为了更好地拉伸这些肌肉，保持双脚直指前方。最大的补偿性动作之一是双脚外翻。尽管这个动作并无危险，但是假如双脚外翻，那么这个拉伸动作会转变为更多的腘绳肌拉伸，以及最小限度的内收肌拉伸。一旦处于这个拉伸姿势，一条腿在膝盖处往外伸展（可以是你想要伸展的那条腿），然后屈曲另一侧的膝盖（见图12.3b）。这个拉伸姿势可以将重心转移至你要伸展的一侧。

如果进行静态拉伸，膝盖处于第一个紧张点，持续30~45秒，然后换另一侧重复拉伸。假如进行主动拉伸，持续2~4秒，然后换另一侧再持续2~4秒。当进阶至动态拉伸时，侧箭步可以让内收肌做好激烈运动的准备。

图12.3　内收肌拉伸

腘 绳 肌

大多数人都至少知道一种腘绳肌拉伸的方式。一种比较常见的拉伸方式是曲体摸脚趾。虽然这个动作看似很有用，但其实并没有人们想象中的那么有效。首先，这个动作会对下背部造成压力。这个动作难以放松正在运动的肌肉；站立并前倾时，腘绳肌必须发挥作用。如果需要，最安全且最有效的拉伸腘绳肌的方法之一，是仰卧平躺。

为了拉伸腘绳肌，可躺在一个舒适的平面上，脊椎保持中正位置（你的头部也应该平放在地面上）。然后，一条腿在地面上伸展，另一条腿抬起，保持膝盖屈曲和髋部屈曲90度的姿势（见图12.4a）。双手放在大腿旁边加以支撑，然后利用股四头肌伸展膝关节（见图12.4b）至你感觉轻微不适为止，保持30~45秒。并不是每个人都需要拉伸腘绳肌。如果你能让膝盖完全伸展，同时髋部屈曲90度，并且没有感觉到是在拉伸，那么你就不需要进行拉伸了。假如进行主动拉伸，做出同样的姿势，按同样的方式完成每个动作，但是只保持2~4秒，每侧重复6~8次。要想获得最佳的动态腘绳肌拉伸效果，可以走路或者直腿踢。每次踢腿，髋部屈曲约90度，同时膝盖伸展。

图12.4 腘绳肌拉伸

背 阔 肌

　　背阔肌是最后一个需要拉伸的最大的背部肌肉。因此，为更好地拉伸这块肌肉，你需要考虑手臂、背部和骨盆的姿势。迄今为止，我发现最好的拉伸方式之一是类似于儿童瑜伽的姿势。

　　为了拉伸背阔肌，双膝跪在舒适的地面上，双手放在泡沫轴上（见图12.5a）。双臂尽量往身体前面伸展，胸部尽量降低靠近地面（那些背阔肌较短的人此时会感觉到明显的拉伸），然后缓慢地降低髋部，直到臀部放在脚跟上（见图12.5b）。此姿势会让背部呈圆形，但是却能让背阔肌得到最好的拉伸效果。保持这个姿势30~45秒。既然你在这个拉伸动作中使用双臂，因此也就没有必要每侧轮换重复。

　　假如你的膝盖或髋部有问题，不能做出这个拉伸姿势，那么就在站立时进行上身练习。首先靠近一个坚固可抓握的物体站立，可以是健身房的器材，比如杠铃架。在家里，你可以抓住浴室里浴缸的边缘或者厨房水槽的边缘。然后，身体向前屈曲的同时髋部往后拉（也可以后退几步）。你会做出和之前背阔肌拉伸相同的动作，手臂向外伸展，只不过不是在地上而已。假如进行主动拉伸，向里和向外拉伸，保持2~4秒，重复6~8次。良好的背阔肌动态拉伸由手臂摆动来加以控制。开始时双手置于身后，向前摆动双臂并向上超过头顶。

图12.5 背阔肌拉伸

胸　肌

　　本章要讨论的最后一块肌肉是胸肌。这些肌肉的位置极佳，拉伸的效率极高，不需要你做出任何技巧性的动作。拉伸胸肌最好的方式之一是在门口进行。

　　拉伸胸肌时，可站在一扇打开的、单向开关且宽度标准的门口。大型、滑动或者法式门太大。然后，双臂放在门口外侧，手肘屈曲并与肩同高（见图12.6a）。大部分患有胸肌紧绷的人很快就能感受到拉伸。如果你的柔韧性较低，你需要向前一小步，这样肘部会稍微处于肩部的后面。下一步，挤压肩胛骨，使其靠拢，以加大胸部拉伸的程度（见图12.6b）。眼睛直视前方，确保头部处于中正位置。人们常常耷拉着头部，这样会降低拉伸的效果。

　　保持此姿势30~45秒。假如进行主动拉伸，则前后移动，每次保持拉伸动作2~4秒。假如进行动态拉伸，标准俯卧撑就有效果。假如常规俯卧撑对你来说难度太大，可以进行靠墙俯卧撑或凳式俯卧撑，以减少手臂承受的身体重量。

图12.6　胸肌拉伸

　　保持理想的柔韧性是健康和健身的重要组成内容。我们的身体会适应按照我们的意愿所做出的相应姿势，即使是不健康的姿势。因此，久坐常造成肌肉不平衡，会导致疼痛、酸痛和受伤。泡沫轴滚压可以协助柔韧性训练，但是只进行泡沫轴滚压不是最有效的方式。泡沫轴滚压需要和其他技巧，以及力量训练结合运用才能达到长期持久的效果。

第13章

恢 复

泡沫轴滚压最大的一个作用是恢复。这支持了第1章中提到的研究结果。本书已经阐述了很多泡沫轴滚压的有效用途，比如用在锻炼前和锻炼中。这也是一种极为有效的恢复方法。本章将讨论泡沫轴滚压有助于恢复身体组织的一些原因，并详细介绍一些适合恢复的泡沫轴滚压技巧。

为何泡沫轴滚压有助于恢复身体组织

首先需要考虑你要恢复的身体组织。通常情况下，恢复时间指的是体育活动和任何形式的锻炼之后的一段时间。尽管这是正确的，但是这并不仅仅是我们需要恢复的时间。身体承受压力（不管是身体上、心理上，还是情绪上的压力）的任何时候，都需要某种恢复方式。我们以上班工作为例。假如你坐在办公桌前长达几个小时，几乎每天都是如此，那么你的身体正在承受着压力。缺乏运动会导致和运动过度一样的身体损伤。事实上，这些损伤通常归为一类为：重复性拉伤或者过度使用损伤。记住，泡沫轴滚压不仅可以促进血液和组织液流动，同样还能移动组织。这能让缺乏运动的身体部位运动起来。因此，一天久坐后进行泡沫轴滚压可以有效地帮助身体恢复功能。

一般情况下，长期处于久坐状态的白领常抱怨的疼痛部分通常是下背部和上背部或颈部疼痛（在此强调，我把上背部和颈部当成是一个区域，滚压一个部位有益于两个部位）。之前的章节已经讨论了这些部位出现不适的根本原因，但是上述这两种情况可以从仅仅几分钟的泡沫轴滚压中得到有效的缓解。唯一的原因就是使用泡沫轴滚压能够促进疼痛部位的运动。这一原因可以促使你每天定期进行泡沫轴滚压。每天进行泡沫轴滚压有助于你在一天结束时能有效缓解严重的不适感。身体对时间很敏感。少量的压力其实并不是坏事，相反，还有益处。但是，身体若是连续几天、几周，甚至是几个月都承受着少量的压力，那么就会引发大问题。我听到这样一个比喻，一条小溪长年累月地流动，数百万年之后能够形成一个宏伟的大峡谷。假如你能在每天结束时利用泡沫轴滚压减少身体压力，哪怕是最小的压力，并形成习惯，那么你就能在以后的生活中预防巨大的疼痛、酸痛和损伤。

泡沫轴滚压有助于锻炼后的身体恢复，只需要注意几个关键部位即可。在锻炼时，肌肉和结缔组织会有一定程度的损坏。大多数情况下，这种损坏并不是很严重，也就是说身体自己能恢复。有一种疾病叫作"横纹肌溶解症"，其破坏程度极高，且发病极快。尽管横纹肌溶解症相对来说很少见，但是由于运动的趋势日益流行，这种病症的发生越频繁。锻炼会导致肌肉纤维发生细小的撕裂。当肌肉纤维发生撕裂时，身体会自动修复，修复后的肌肉变得更大、更强壮。发生横纹肌溶解症是由于肌肉受到严重损坏，肌肉纤维被释放到血液中。释放到血液中的肌肉纤维太多会引发大问题。假如你在锻炼时发生了横纹肌溶解，这就意味着你的运动方式是错误的。运动根本不需要剧烈到肌肉大量被破坏，从而伤害你的身体。泡沫轴滚压对于横纹肌溶解症起不到任何作用。

正常甚至是剧烈的运动时，微小的肌肉撕裂会引发一些疼痛和不适，但是身体能自我修复。疼痛来源于少量伴随着肌肉损坏的炎症，但是这的确是有益的。炎症通常被认为是消极影响的征兆。但是，这也是身体正在修复的重要信号。红肿或者炎症发生在身体对损坏的组织输送营养以修复它的时候。

在体能训练领域，抗炎药物和炎症对肌肉生长的作用是讨论的热点。尽量研究结果是有限的，锻炼后服用抗炎药物能够增大肌肉的体积，但是对肌肉生长不利（Trappe et al., 2002）。炎症是有益的。但是，炎症太严重或持续时间过长则会产生不利的后果（已在第14章讨论）。因此，一种可以让身体进行自我修复同时预防炎症组织液积累的方式，就是促进组织周围的血液流动。你可以在锻炼后进行泡沫轴滚压，以协助清除陈旧的血液，流入新的血液。

当把泡沫轴当作一种恢复工具时，可以应用相同的原则。首先，以1英寸/秒的速度滚压肌肉，以找到敏感点。发现敏感点则持续施压30秒，或者直到敏感度降低为止。这是一种在动作评估中极具价值的方法，可以辨别肌肉是否过度活跃或缩短。这些肌肉易于缩短，是由于重复性动作模式和适应性，因此建议在放松过程中利用泡沫轴进行再次滚压。事实上，按照相同的方式滚压并拉伸这些肌肉效果更为理想。可以每天用这个方式多次治疗这些肌肉。但是，现在仍有另一个需要考虑的问题：当使用泡沫轴滚压进行身体恢复时，需要着重关注如何促进肌肉组织内的血液和组织液流动。

当肌肉努力工作时，会消耗能量。这种能量来自于一种名为三磷酸腺苷的分子，它也被称为ATP。为了产生能量，ATP分子断开，这会产生能量副产品（我通常称其为"代谢废弃物"）身体能够有效清除代谢废弃物，只要废弃物的积累速度不过高。低强度运动下，呼吸频率趋于正常，持续的血液流动和氧气可以清除这种废弃物。

当这个过程发生时，肌肉感觉良好并能正常工作。但是，当能量产出速度较高时，代谢废弃物开始积累。此时身体根本没有足够的血液和氧气流动来清除这些废弃物，因此废弃物开始积累。通常情况下，废弃物积累到一定程度时，肌肉会有灼烧感。但是，这不是乳酸，我们一直认为这种情况下是乳酸在发挥作用，其实是氢元素影响了身体的pH（pH表示氢元素的百分比）。这常见于在特定的锻炼和运动中过度运动的肌肉中。众所周知，锻炼后轻度的放松运动能帮助身体清除废弃物，并有助于恢复。但是，我们也知道有些废弃物分子很大，必须被"推"出体外。这就意味着低强度的步行可能不会达到人们想象的清除效果（这里值得注意的是，步行作为一种放松方式，没有任何坏处，也不会产生任何负面的结果，但是可以有一个更好的选择）。

这种情况下，更好的选择就是直接对运动时运动量最大的肌肉施加压力。这种压力可以让大分子废弃物进入血液，从而使新鲜的血液和氧气进入肌肉，然后开始修复过程。大多数情况下，进行泡沫轴滚压没有什么坏处。任何运动都会比不运动更加促进液体的流动。但是，我发现，保持一个缓慢且稳定的滚压速度是极为有益的。另外，我建议可以在身体恢复的过程中使用稍微软一点的泡沫轴。其目的不是减少疼痛，也不是为了找到敏感点，而是为了把大分子废弃物排到血液中，让新鲜的血液和营养进入肌肉组织。

当为了恢复身体的组织而进行滚压时，要记住这种滚压不能缓解肌肉紧绷感或改善肌肉不平衡的现象，但是能推动肌肉组织周围营养成分的流动。进行滚压时从小腿开始，缓慢地向上滚压，使用较软的滚压器。接下来将介绍大约10分钟的锻炼后恢复流程。这是一个全身恢复流程，所以考虑在全身训练后进行。但是，假如你的锻炼只针对下身，那么就可以直接利用泡沫轴滚压下身。在恢复过程中进行滚压，不是为了尽可能滚压深层组织，但是仍可能有可接受的不适感。我们已经多次强调，滚压的目的是促进营养流动。因此，下列提到的每个部位，你可以选择以喜欢的力度进行滚压。大多数情况下，滚压下身时，你可以把双腿同时放在滚压器上，这样可以得到你想要的合适压力，并节约滚压的时间。你也可以把一条腿放在另一条腿上以增加压力时，但这不是必须要做的。下列每个部位的滚压计划很简单：以一个缓慢且一致的速度进行滚压，从肌肉底部到肌肉顶部。如果你喜欢，可以持续施压一段时间，但是，再次重申，这不是必须要做的。不管你做什么，滚压速度千万不要太快。滚压速度太快会造成摩擦力，并且不能促进组织液流动。

恢复过程中的泡沫轴滚压技巧

尽管我发现本章列出的肌肉群似乎是从恢复性滚压中获益最多的，但可以使用恢复技巧对身体上的任何一块肌肉进行滚压。

下身恢复

下身恢复性滚压包括的区域比上身多，这是由下身的肌肉结构特性决定的。下身的肌肉更大、更有力量，因此，相对来说，在上半身进行移动滚压更高效。既然这些肌肉比较大，可以在滚压时稍微移动你的位置。移动位置的方式没有好坏之分，但是要尽量保持良好的姿势，缓慢滚压，保持平缓的呼吸。

小 腿

　　滚压小腿时，可以直接将泡沫轴放在脚踝下方。一条腿可以放在另一条腿上以施加更大的压力，或者两条腿同时滚压（单腿滚压时的身体姿势见图13.1a）。双手放在髋部附近。髋部抬离地面，身体向前运动，这样滚压器可以向上移动至膝盖的后侧（见图13.1b）。如有可能，可以尝试在一个动作中从脚踝开始一直滚压到膝盖。然后，进行反方向滚压，髋部回到起始位置，泡沫轴往回滚压至脚踝。此动作重复4~5次，或者以较缓慢的速度持续滚压大约60秒。假如滚压时双腿交叉，那么可以换腿重复滚压该动作。

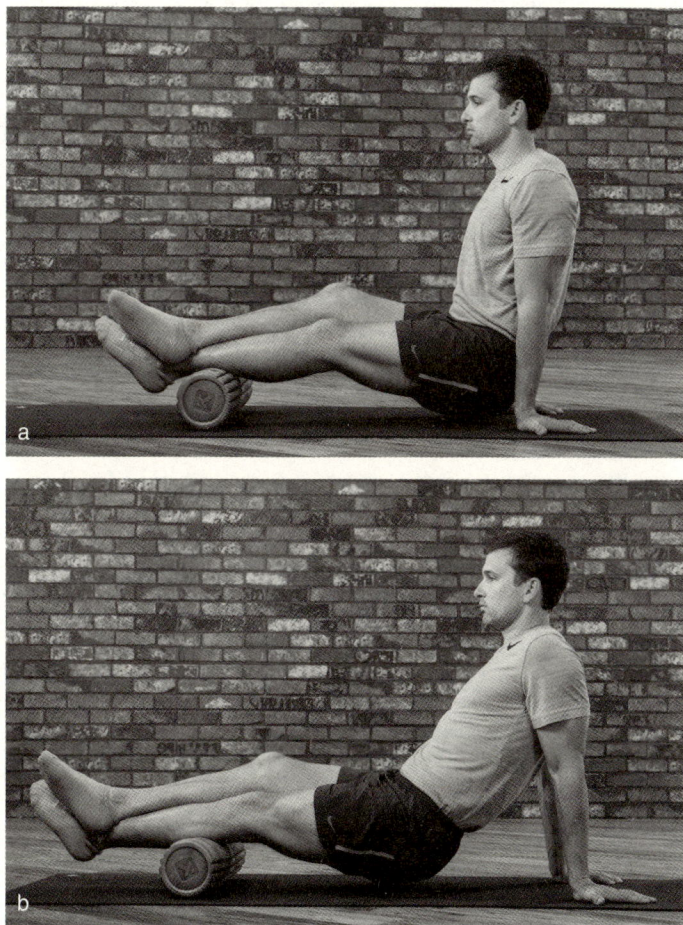

图13.1 泡沫轴恢复性滚压小腿

股四头肌

泡沫轴被放在膝盖的下方。双腿可以都放在泡沫轴上，或者一次滚压一条腿（单腿滚压时的身体姿势见图13.2a）。手肘放在肩部的下面。理想状态下，可以以一个流畅的动作从膝盖一直滚压至髋部。为了能完成这个动作，手肘可以在滚压时移动。当准备好后，身体往下移动，这样泡沫轴就能往上移至髋部（见图13.2b）。不要过度伸展背部，让泡沫轴一直往上滚压，只需要让手肘往下移动1~2次即可。然后身体上移，使泡沫轴向膝盖移动，手肘再一次按需要上移，直到泡沫轴靠近膝盖为止。此动作重复4~5次，或者持续慢速滚压大约60秒。

图13.2 泡沫轴恢复性滚压股四头肌

髂胫束

首先，记住我们所说的髂胫束实际上是指髂胫束下面最大的股四头肌：股外侧肌。既然大多数人的这个区域都很敏感，并且滚压姿势很奇怪，因此我建议同时利用两个泡沫轴。对于这种类型的滚压，髂胫束的承受能力更大，因此效果也更好。假如你只有一个泡沫轴，把泡沫轴放在髋关节的下面，并且垂直于大腿（见图13.3a）。假如你使用两个泡沫轴，你会注意到其比用一个滚压器时的疼痛感更小，这是因为你的体重分担在两个泡沫轴上面。手肘要放在肩部下面，对侧手和脚放在身体的前面，以提供支撑。另外，理想状态下，要想从这块肌肉中排出代谢废弃物，应该缓慢地滚压整个区域。假如你同时使用两个泡沫轴，你会注意到手肘完全不需要移动。开始时，身体往下移动，泡沫轴向大腿上方移动至髋部（见图13.3b），然后再滚压其他方向。此动作重复4~5次，或者大约持续滚压60秒。你可能不能同时滚压两条大腿，因此需要换另一条大腿，重复上述过程。

图13.3 泡沫轴恢复性滚压髂径束

腘 绳 肌

　　腘绳肌在运动中从来不是运动量最大的肌肉。很多人都把腘绳肌当成一个独立的部分，但是在全身运动中，比如下蹲、硬拉和弓箭步（比较有效），腘绳肌仅仅扮演一个助手的角色。假如你的腘绳肌在一天的行走后比臀肌或者股四头肌要更加酸痛，那么你的腘绳肌可能出现了问题，因为这说明腘绳肌经常要完成比它应该做的更多的任务。但是，考虑到腘绳肌发生的问题比较多（之前的章节已讨论），我不认为在下身运动后滚压腘绳肌是一件坏事。滚压腘绳肌可以促进血液和组织液流动。但是，为了使身体恢复而滚压腘绳肌，不建议在滚压股四头肌之前进行。不同的肌肉，其滚压目的也是不同的。开始时，将泡沫轴泡沫轴放在大腿后侧的膝盖下方，双腿可以同时放在泡沫轴上，也可以一次滚压一条腿（同时滚压双腿时的身体姿势见图13.4a）。双手置于髋部附近。髋部抬起，身体缓慢地向下移动，使泡沫轴在大腿后侧向上移动至髋部（见图13.4b）。尽量在一次流畅的动作中使泡沫轴往上移动至髋部，如果有必要，双手可以移动。然后，上拉身体，使泡沫轴向下移动至膝盖。此动作重复4~5次，或者持续缓慢地滚压大约60秒。

图13.4 泡沫轴恢复性滚压腘绳肌

臀　肌

　　臀肌功能如果正常的话，应该是运动中运动量最大的一个部位，尤其是下身运动时。但是，我经常听到有人抱怨股四头肌和腘绳肌酸痛，这是因为臀肌并没有完全发挥它们的作用。记住，本章的滚压技巧主要是针对身体恢复，并不能用于准备活动中。假如你认为臀肌应该做得更多，请回到第10章回顾相关评估内容。很难同时滚压两侧臀肌。我建议你一次滚压一侧臀肌，滚压时体重可转移至进行滚压的一侧髋部。在此不需要把一条腿放在另一条腿上进行滚压。滚压臀肌时双腿交叉，可以滚压到髋部较小的肌肉。但是，我们恢复的目的不是放松肌肉，而是促进身体从运动中恢复。因此，我建议你只伸展滚压侧的腿即可，让它在地面上保持放松。直接坐在泡沫轴上面，让滚压侧的腿在身体前方放松（见图13.5a）。一只手臂放在地面上，靠近髋部，这样你的身体可以稍微往后靠在泡沫轴上。开始时，身体往下移动，使泡沫轴上移至下背部。你不需要做出幅度很大的滚压动作。然后，身体上移，使泡沫轴向下移动至大腿（见图13.5b）。然后，由于泡沫轴的滚压区域较大，你只需要上下滚压几厘米。此动作重复4~5次，或者持续缓慢地滚压大约60秒即可。你不能同时滚压两侧臀肌，因此需要换一侧，重复整个过程。

图13.5　泡沫轴恢复性滚压臀肌

上身恢复

上身恢复不像下身恢复那么复杂，不是因为上身不重要，而是因为上身运动量最大的肌肉（背阔肌和胸肌）很难进行滚压。以背阔肌为例，其贯穿了上身大部分区域，比如下背部，这些区域不应该经常进行滚压。胸肌与手臂相连，也贯穿了整个躯干，与锁骨、胸骨和肋骨相连。由于男人和女人都有乳房和乳腺，滚压整个胸部区域风险很大，且易造成疼痛。因此，只有一小部分胸肌可以安全进行滚压。

背 阔 肌

　　背阔肌在很多肩部动作中有所贡献。因此，在上身锻炼后，背阔肌会有酸痛感。只有小部分背阔肌可以安全进行滚压。开始滚压时，将泡沫轴放在一侧肩胛骨的下面，身体侧躺（见图13.6a）。滚压侧的手臂必须放松，通常情况下最好将这只手臂放在地面上。非滚压侧的手臂可以起到支撑身体的作用。髋部和大腿一起抬离地面，利用大腿下拉身体，使泡沫轴往上移动至腋窝（见图13.6b）。一定要使泡沫轴滚压足够远的距离，这样才能滚压到腋窝，甚至是手臂。然后，下身和非滚压侧的手臂一起推动身体往起始位置移动，使泡沫轴向下回到肩胛骨的底部。此动作重复4~5次，或者持缓慢地滚压60秒。换另一侧背阔肌，重复上述过程。

图13.6　泡沫轴恢复性滚压背阔肌

胸 肌

胸肌是一块可以发挥很多功能的大肌肉。很多人用很多时间去练胸肌。假如人们站立的姿势正确，胸肌自然就会出现轮廓。无论如何，胸肌都会具有一定程度的酸痛感，需要进行一些恢复性滚压。如上所述，尽管胸肌占据了大部分的上身，但由于胸部组织和其他敏感因素，不宜滚压整个肌肉。因此，可以更多地关注侧面区域。脸朝下俯卧，将泡沫轴放在肩部下方，使其接触你想要滚压的部分胸肌。滚压一侧的手臂要放松，另一只手臂可以稍微抬起（见图13.7a）。将身体推向泡沫轴，泡沫轴会移动至身体的中间（见图13.7b）。然后，手臂往回推动身体，泡沫轴会滚回肩部。此动作重复4~5次，或者持续滚压大约60秒。换另一侧胸肌重复上述过程。

图13.7 泡沫轴恢复性滚压胸肌

　　我要再次重申，这种类型的滚压方式是专门为恢复设计的，并且也应该用于恢复。这种滚压的目的是排出运动量最大的肌肉中的代谢废弃物，让新鲜血液和氧气得以进入，以加速恢复。假如你本身就有疼痛、酸痛、肌肉不平衡问题或损伤，进行这种类型的滚压并无害处，但却不是最适合的。如果你不确定是否应该进行这种类型的滚压，请回顾第10章的内容并完成测试。使用第2部分介绍的技巧，对确定为过度活跃、缩短或紧绷的肌肉进行滚压。本章介绍的恢复技巧是针对运动能力相对较好且进行高强度训练的人群。高强度意味着代谢废弃物积累得更多、肌肉酸痛明显。高强度运动后需要进行这种类型的滚压。

第14章

康 复

大部分人经常忽视受伤后恢复正常功能的重要性。假如你受伤后不投入时间进行康复，那么你再次受伤的概率将增大。事实上，预测你未来是否会受伤的一个重要判断因素是你之前的损伤。帕特诺和同事们（Paterno et al., 2012）发现，假如你一侧膝具有需要进行手术的损伤，那么另一侧膝盖的受伤概率会增加25%。但是，第二次受伤不会发生在同一侧膝盖上。另一侧膝盖受伤的风险要更大。同样，这并不意味着第二次发生的是同一种损伤。经常看到的一种情形是，一个人第一次发生脚踝扭伤或者其他一些威胁性不大的损伤后，不注意康复，结果弱化的腘绳肌撕裂。许多运动医生和防护师都认可这个观点，并且要确保高水平运动员在第一次受伤后必须完全康复才能重返赛场。任何受伤的人都必须遵循上述原则。脚踝扭伤并不意味你需要带伤运动，假如你是一个业余跑步者，就应该限制体育活动，直到功能恢复正常为止。本章将介绍并探索一些复杂的受伤过程（通常被称为累积受伤循环），其中包括纠正性运动的简要描述。

累积受伤循环

为了适应不太理想的运动环境，我们总是尝试进行太多超越我们能力的运动，这是由我们的天性决定的。当我们的脚踝扭伤时，就会避免使用脚踝。因此，你会一瘸一拐地走路。跛行可以让你从A点移动到B点，但是假如脚踝扭伤，你就不能以正确的方式移动。跛行会让你消耗更多的能量来完成运动，并且加大了周围关节的压力，比如膝关节和髋关节。假如脚踝扭伤太久，你就习惯了跛行，这很可能导致另一个部位受伤。在你了解这个事实之前，你会遭受下背部疼痛，而且无法解释其原因。这也并非意味着一点小伤小痛就需要躺在床上休息。在大多数情况下，你都不应卧床不动。你必须要让受伤的部位进行运动才能使其康复，这就是我们常说的"步行防百病"的由来。以脚踝扭伤为例，你必须让脚踝运动，以促进血液流动，减轻炎症，加速恢复。但是，让脚踝运动起来不是说进行重复性的跳箱或马拉松训练。我们都知道受伤后需要一段时间康复，这是基本常识。让受伤的关节运动，只是在疼痛开始的部位进行运动，更加重要的是，保证其休息时间。

受伤通常遵循累积受伤循环，假如让这种循环自由发展，受伤部位会变得更加糟糕。这就是小伤痛演变成大问题的原因，也是没有给予受伤部位恰当的处理而造成另一个损伤的原因。另外，这个循环能让我们知道应该在何时及如何对与受伤相关的组织进行滚压。累积受伤循环包括以下六个步骤。

1. 组织创伤：这是受伤后的结果，也是肌肉或结缔组织受伤后的初始阶段。

2. 炎症：大部分情况下，我们受伤或组织受损后，身体的正常反应是创伤区域会出现红肿和炎症。红肿可以让特定的细胞开始修复过程，并引发疼痛。这是身体在试图减少更大的损伤。当某个部位受伤后，身体组织会提醒你不再使用这个部位。

3. 肌肉痉挛：这一症状与炎症同时发生，但是持续时间更长。当身体某部位受伤时，周围的肌肉会紧绷以保护关节。这能防止我们做出导致疼痛和更大损伤的动作。

4. 粘连：如上所述，假如肌肉和其他组织不能自如地移动到另一处，那么身体就会发展出结节或粘连（本质上是体内结痂）。这会导致紧绷，降低柔韧性和完全利用肌肉的能力。

5. 改变神经和肌肉系统控制能力：当粘连妨碍了正常动作，身体就会寻找另一种协调动作的方法。如上所述，假如一块肌肉紧绷且僵硬，那么另一处肌肉就会拉长，并且不能完全完成自己的本职工作。随着时间的推移，这会改变动作模式，在某区域施加更大的压力，同时另一处区域的压力就会减少甚至不足。

6. 肌肉不平衡：随着身体的神经和肌肉系统控制能力不断改变，错误的运动模式会进一步加强，从而导致肌肉不平衡。肌肉不平衡可以改变大的运动模式，让其他部位的肌肉更易受伤。这就是多年前的脚踝扭伤会提高人体肩部受伤风险的原因。

泡沫轴滚压对缓解肌肉痉挛和粘连的情况有一定的效果。对于较为严重的损伤，你或许需要让肌肉发生痉挛，这样能防止发生更多的损伤。然后，你应该用泡沫轴滚压的方式打通并松动确定将要出现的粘连。对于稍轻一点的损伤，不能让肌肉发生痉挛，否则身体的保护系统会发生错误，此时可以进行泡沫轴滚压以防止肌肉痉挛。理论上，使用泡沫轴滚压可以防止肌肉粘连。假如肌肉没有发生粘连，那么步骤5和步骤6的情况就不会发生。这会打破累积受伤循环，它就不会再重复。

当然，何时进行泡沫轴滚压取决于受伤的类型及严重程度。简而言之，我建议把受伤分成两类：(1)严重损伤（需要医生的帮助）；(2)微小损伤（不需要医生的帮助）。你需要确定自己属于哪种损伤。假如你受伤的同时伴随着很大的身体受伤的声音，随后产生明显的挫伤，或者有开放性伤口，或者你认为骨折了，又或者你确定发生了一些很不好的事情，请咨询医生。这就是你应该尽可能快地去进行评估的理由，此时持续进行泡沫轴滚压可能弊大于利。

我把轻微损伤归类为基础扭伤。这种损伤不会产生挫伤或红肿，或者可以将其归入"步行可防的百病"，虽然有轻微的疼痛。严重分损伤会导致明显的挫伤和红肿，通常都伴有较大的身体受伤的声音，这种情况可能是肌肉或者韧带彻底地撕裂（与骨骼脱离或者半脱离）。这些通常需要手术和治疗师进行的大量康复治疗才能恢复。但是，很多轻微拉伤或扭伤不需要进行大量的干预治疗（如手术），但是治疗师可以帮助其康复。治疗师可以评估受损的组织，提出治疗方法，并且给出后续可以在家完成的康复计划。泡沫轴滚压就是完全可以在家完成的康复计划。雪莉·萨曼教授因强调自我护理计划的重要性而出名。她认为，治疗的大部分益处都是在家获得的，去看治疗师，目的是重新评估，并确保能在家里正确地进行康复练习（Sahrmann, 2002）。

受伤后，组织修复时，身体会随机产生额外的组织。想象一下，你把三四升油漆泼在一大张帆布上，看上去会是什么样？会像是一片很大的涂鸦。如同在帆布上涂鸦，我们频繁地移动身体会影响疤痕组织的形成方式。假如你有很深的刀口或手术伤口，你可能会熟悉疤痕组织在皮肤表面的感觉。疤痕组织可能会很厚，你会感觉到该区域的组织很密集。同样的事情也会发生在肌肉下层，只是深层肌肉变厚结痂会引起更严重的疼痛和损伤。疤痕组织没有弹性。它不能轻易伸展，即便可以，它也不能恢复到原来的长度。我们需要利用泡沫轴滚压和运动来尽可能地进行干预或预防。

为了获得最好的结果，在进行泡沫轴滚压时需要结合其他运动。这些运动不需要难度很大或具有挑战性，但是必须要包含一些动作。这样做的目的是利用泡沫轴打通结节或者粘连的组织，然后利用适合不同阶段的动作来促进额外疤痕组织的形成。这个过程是基于非常出名的"戴维斯定律"。该定律阐述软组织会随着压力下降而弱化。由合理动作产生的压力意味着疤痕组织会形成我所说的"功能性结痂"。功能性结痂会让动作产生得更加自然，没有限制。我们不能阻止疤痕组织的形成，当然我们也不想阻止，但是我们能防止疤痕组织出现功能障碍。疤痕组织若出现功能障碍，会限制动作的发生，增大损伤再次发生的概率，通常也会引发疼痛。为了能够提高疤痕组织转变为功能性结痂组织的概率，首先你需要进行泡沫轴滚压，然后是拉伸练习及一些全面且简单的运动。提高柔韧性之后进行一些特定的练习，能够有助于维持身体做出改变。

纠正性运动计划

为了能在受伤后正确康复，你必须为恢复正常功能（任何时候想做任何事情的能力）做好准备。我看到太多的人，在经受不太严重的损伤之后，不能重新开始自己喜爱的运动。这往往是因为并不是每个人都了解运动损伤的康复过程，或者说他们选择了错误的康复过程。我推荐由美国国家运动医学学会制定的纠正性运动计划。它很全面、简单，而且有效。不能将纠正性运动和康复运动相混淆。康复是临床医生的专用术语，但是任何人都能进行纠正性运动。纠正性运动应在较为严重的损伤康复之后进行，用于确保人体能恢复正常的功能。但是，纠正性运动同样可以应用于轻微损伤，或者从理论上来说，也可以用于日常以防止受伤。因此，纠正性运动针对的是全身，而不只是关注一种特殊的损伤。

纠正性运动计划开始时，先确认需要进行训练的身体区域。如第10章中的内容，最有效的方法是进行评估。假如你跳过了该章节，或只需要重温一下该章节的内容，那就用几分钟时间浏览。第10章中的评估可以指导你哪些部位需要治训练。这很重要，因为很多时候并不是受伤的区域需要训练。以脚踝扭伤为例，很明显，脚踝周围的肌肉会造成脚踝扭伤，但是髋部周围的肌肉同样也会影响脚踝。因此，假如是髋部出现问题，使用泡沫轴滚压、拉伸或强化脚踝区域则可能收效甚微。从灵活性或紧绷的肌肉的角度来看，进行评估可以确定小腿、髋部和上身缩短且受到限制的肌肉，如上身胸肌和背阔肌。进行评估同样可以确定足部、髋部以及上背部肌肉是否有弱化的现象。一旦你掌握了这些信息，就可以开始纠正性运动计划了。

利用下面的计划来指导和辅助评估。这些计划可以给你提供一个很好的开始，并帮助你取得最好的结果。这不是一份详尽的列表，但是却指出了你需要训练的一些部位及频率：一天一次，一周五天，持续三到四周。假如你得到了你想要的结果，那就继续坚持。假如你在三周后没有得到你想要的结果，那就要重新审视你的评估结果，确定你是否在训练需要训练的部位。每个计划包含四个部分：（1）泡沫轴滚压；（2）1~2次拉伸；（3）针对特定肌肉的简单练习；（4）全身运动。全身运动可以协助你重新习得运动模式。上述四个步骤都是必须完成的，首先要拉长已经缩短及出现问题的肌肉，然后要重新习得正确的运动模式。

研究人员格鲁姆斯、阿佩尔鲍姆和奥内特（Grooms, Appelbaum & Onate, 2015）发现，膝盖受伤之后，大脑必须重新习得理想的运动模式。这适用于所有的损伤问题，因此可以将受伤看作身体的一次学习经历。

双脚外翻

假如双脚外翻，可能与足、膝盖、髋部疼痛及脚踝扭伤有关。建议进行以下活动。

- 泡沫轴滚压：足底部和小腿。
- 拉伸：站立姿势小腿拉伸。
- 孤立运动：脚抓手巾和针对性的提踵。
- 全身运动：单腿平衡，必要时可使用变式。

膝盖内翻

假如膝盖内翻，可能与足部、髋部疼痛或脚踝扭伤有关。建议进行以下活动。

- 泡沫轴滚压：小腿、股四头肌和内收肌。
- 拉伸：站立姿势小腿拉伸，站立姿势内收肌拉伸和半跪姿股四头肌拉伸。
- 孤立运动：侧卧姿势，腿向上抬起，靠墙。
- 全身运动：弹力带绕膝辅助深蹲。

躯干过度前倾

躯干过度前倾常与下背部疼痛有关，还可能与脚踝扭伤有关。建议进行以下运动。

- 泡沫轴滚压：小腿和阔筋膜张肌。
- 拉伸：站立姿势小腿拉伸和半跪姿股四头肌拉伸。
- 孤立运动：脚跟行走和对侧手臂、腿抬起（鸟狗式）。
- 全身运动：前蹲，或者在地面附近附加绳索（或弹力带）辅助深蹲。

骨盆前倾

骨盆前倾与下背部疼痛关系密切，同样也是核心肌肉弱化（这与多种损伤有关，包括脚踝扭伤、膝盖和肩部损伤）的指征之一。建议进行以下运动。

- 泡沫轴滚压：股四头肌、阔筋膜张肌、梨状肌和背阔肌。
- 拉伸：半跪姿股四头肌拉伸和儿童式泡沫轴背阔肌拉伸。
- 孤立运动：臀桥、平板支撑和死虫动作。
- 全身运动：压球靠墙或辅助深蹲。

手臂前落

手臂前落与肩部损伤、颈部疼痛以及上背部紧绷有关。建议进行以下运动。

- 泡沫轴滚压：胸椎、胸肌和背阔肌。
- 拉伸：泡沫轴胸椎拉伸和儿童式泡沫轴背阔肌拉伸。
- 孤立运动：肩部收回并下压（眼镜蛇式）和瑞士球、站姿肩部抬高，或肩胛抬高。完成这些动作时拇指朝上，手臂在身体前方与躯干成45度角。
- 全身运动：站姿宽握绳索或弹力带高位划船。

再次强调，上述所有运动都很简单并且有针对性。假如你没有受伤，那么可以把上述运动计划作为锻炼前热身的一部分，或者是参与体育赛事之前的热身活动。一旦你掌握了流程和原理，不超过10分钟，你就能完成。上述这些动作比经常使用的跑步机热身的方式要好，因其提供了更高级的运动准备方式。另外，这些动作能够针对你的运动模式来活跃肌肉，让你的身体做好准备，迎接即将到来的更大的运动压力。记住，如果你最近经受了严重损伤，则上述动作并非理想方式。这些动作可以用于物理治疗放松之后，或者用于处理一些轻微损伤。在进行本章列出的运动时，一定要注意姿势和方式。一定要保持脊椎中正，缓慢移动，尝试去感受每个动作。我要求我的客户在进行上述运动时不要听音乐，假如他们一定要听音乐，那就听一些缓慢、柔和的音乐。这能够让他们专注于动作，如同学习一门新语言或任何新知识，你必须要全神贯注和 "深度练习"，就像作者丹尼尔·科伊尔（Daniel Coyle）在 *The Talent Code* 中的观点。深度练习意味着要全神贯注于正在进行的动作。假如你犯了一个错误，必须要立即纠正，不要任由错误发展。你会发现这并不简单。身体总是想通过补偿性动作或简单动作来欺骗自身。然而，这种方式的代价是在运动中受到更多、更大的伤害、挫折和失败。

泡沫轴滚压是一种极好的辅助运动方式。它可以通过改善运动模式、促进血液流动、加速身体恢复及减轻疼痛来提高运动表现水平。每天甚至一周的大部分时间都使用泡沫轴滚压能让你大获裨益。本书涵盖了你所需要了解的，关于如何使用泡沫轴滚压的所有信息：以科学的方法进行泡沫轴滚压，注重过程和安全性，最后成功完成泡沫轴滚压计划并达成目标。但是，将泡沫轴滚压纳入你的日常生活以获得最好的效果是否可行，则基于你滚压的方式。假如你不确定如何进行滚压，请回顾第10章介绍的简单评估方法。假如这有一定的难度，请回顾第11章的内容，先执行一些基本的滚压计划。最后要提醒你的重要一点是，在滚压的时候增加一些动作。在进行一些按压和拉伸动作的同时，可以增加一些侧向动作，以确保你得到更好的效果。感谢你和我一起体验滚压。

参考文献

第1章

Barnes, M.F. (1997). The basic science of myofascial release: Morphologic change in connective tissue. *Journal of Bodywork and Movement Therapies*, 1(4), 231–239.

Chan, Y., Wang, T., Chang, C., Chen, L., Chu, H., Lin, S., & Chang, S. (2015). Short–term effects of self–massage combined with home exercise on pain, daily activity, and autonomic function in patients with myofascial pain dysfunction syndrome. *Journal of Physical Therapy Science*, 27, 217–225.

Cheatham, S.W., Kolber, M.J., Cain, M., & Lee, M. (2015). The effects of self–myofascial release using a foam roll or roller massager on joint range of motion, muscle recovery, and performance: A systematic review. *The International Journal of Sports Physical Therapy*, 10(6), 827–838.

Clark, M.A. (2000). *Integrated training for the new millennium*. Thousand Oaks, CA: National Academy of Sports Medicine.

Clark, M.A., & Lucett, S.C. (2011). *NASM essentials of corrective exercise training*. Philadelphia, PA: Lippincott Williams & Wilkins.

Delaney, J.P., Leong, K.S., Watkins, A., & Brodie, D. (2002). The short–term effects of myofascial trigger point massage therapy on cardiac autonomic tone in health subjects. *Journal of Advanced Nursing*, 37(4), 364–371.

Edmunds, R., Dettelbach, A., Dito, J., Kirkpatrick, A., Parra, A., Souder, J. Astorino, T.A. (2016). Effects of foam rolling versus static stretching on recovery of quadriceps and hamstrings force. *Journal of Bodywork and Movement Therapies*, 20(1), 146.

Fleisher, T., Griffin, L., Jensen, J., Pratt, S., & Gupta, D. (2013). The acute effects of two different self–myofascial release products on calf muscle pump and ankle range of motion. Poster presented at American Physical Therapy Association: Combined Sections Meeting, Indianapolis, IN.

Healey, K.C., Hatfield, D.L., Blanpied, P., Dorfman, L.R., & Riebe, D. (2013). The effects of myofascial release with foam rolling on performance. *Journal of Strength and Conditioning Research*, 28(1), 61–68.

Kim, K., Park, S., Goo, B., & Choi, S. (2014). Effect of self–myofascial release on reduction of physical stress: A pilot study. *Journal of Physical Therapy Science*, 26, 1779–1781.

Lanigan, C.S., & Harrison, A.J. (2012). The effects of self myofascial release on the plantar surface of the foot during single leg rebound jumps. *Journal of Bodywork and Movement Therapies. [Abstract]*.

MacDonald, G.Z., Button, D.C., Drinkwater, E.J., & Behm, D.G. (2014). Foam rolling as a recovery tool after an intense bout of physical activity. *Medicine & Science in Sports & Exercise*, 46(1), 131–142.

Markovic, G. (2015). Acute effects of instrument assisted soft tissue mobilization vs. foam rolling on knee and hip range of motion in soccer players. *Journal of Bodywork and Movement Therapies*, 19, 690–696.

Okamoto, T., Masuhara, M., & Ikuta, K. (2014). Acute effects of self–myofascial release using a foam roller on arterial function. *Journal of Strength and Conditioning Research*, 28(1), 69–73.

Peacock, C.A., Krein, D.D., Silver, T.A., Sanders, G.J., & Von Carlowitz, K.P.A. (2014). An acute bout of self–myofascial release in the form of foam rolling improves performance testing. *International Journal of Exercise Science*, 7(3), 202–2011.

Pearcy, G.E., Bradbury–Squires, D.J., Kawamoto, J.E., Drinkwater, E.J., Behm, D.G., & Button, D.C. (2015). Foam rolling for delayed–onset muscle soreness and recovery of dynamic performance measures. *Journal of Athletic Training*, 50(1), 5–13.

Schroeder, A.N., & Best, T.M. (2015). Is self myofascial release an effective preexercise and recovery strategy? A literature review. *Current Sports Medicine Reports (ACSM)*, 14(3), 200–208.

Skarabot, J., Beardsley, C., & Stirn, I. (2015). Comparing the effects of self–myofascial release with static stretching on ankle range–of–motion in adolescent athletes. *International Journal of Sports Physical Therapy*, 10(2), 203–212.

Sullivan, K.M., Silvey, D.B., Button, D.C., & Behm, D.G. (2013). Roller–massager application to the hamstrings increases sit–and–reach range of motion within five to ten seconds without performance impairments. *The International Journal of Sports Physical Therapy*, 8(3), 228–236.

Takamoto, K., Sakai, S., Hori, E., Urakawa, S., Umeno, K., Ono, T., & Nishijo, H. (2009). Compression on trigger points in the leg muscle increases parasympathetic nervous activity based on heart rate variability. *Journal of Physiological Sciences*, 59(3), 191–197.

Travell, J., Simons, D., & Simons, L. (1999). *Myofascial pain and dysfunction: The trigger point manual* (2nd ed., Volume 1). Philadelphia, PA: Lippincott Williams & Wilkins.

第2章

Butler, D., & Moseley, L. (2013). *Explain pain* (2nd ed.). Adelaide, Australia: NOI Group Publications.

Clark, M.A., & Lucett, S.C. (2011). *NASM essentials of corrective exercise training*. Philadelphia, PA: Lippincott Williams & Wilkins.

Skarabot, J., Beardsley, C., & Stirn, I. (2015). Comparing the effects of self–myofascial release with static stretching on ankle range–of–motion in adolescent athletes. *International Journal of Sports Physical Therapy*, 10(2), 203–212.

第3章

American Congress of Obstetricians and Gynecologists (ACOG). (2016, May). Frequently asked questions: Exercise during pregnancy. Retrieved from www.acog.org/patients/FAQs/exercise–during–pregnancy.

Stull, K., & Elliott. B. (2015). *Foam rolling: Principles and practices* [Course manual]. Triggerpoint Performance Therapy: Austin, TX.

第4章

Curran, P.F., Fiore, R.D., & Crisco, J.J. (2008). A comparison of the pressure exerted on soft tissue by 2 myofascial rollers. *Journal of Sport Rehabilitation*, 17, 432–442.

第5章

Bowman, K. (2011). *Every woman's guide to foot pain relief: The new science of healthy feet*. Dallas, TX: BenBella Books.

Cooke, M.W., Lamb, S.E., Marsh, J., & Dale, J. (2003). A survey of current consultant practice of treatment of severe ankle sprains in emergency departments in the United Kingdom. *Emergency Medical Journal*, 20(6), 505–507.

Grieve, R., Goodwin, F., Alfaki, M., Bourton, A.J., Jeffries, C., & Scott, H. (2015). The immediate effect of bilateral self myofascial release on the plantar surface of the feet on hamstring and lumbar spine flexibility: A pilot randomized controlled trial. *Journal of Bodywork & Movement Therapies*, 19, 544–552.

Martin, R.L., Davenport, T.E., Reischl, S.F., McPoil, T.G., Matheson, J.W., Wukich, D.K., & McDonough, C.M. (2014). Heel pain—plantar fasciitis: Revision. *Journal of Orthopaedic & Sports Physical Therapy*, 44(11), A1–33.

Neumann, D. (2010). *Kinesiology of the musculoskeletal system: Foundations for rehabilitation*. (2nd ed.). St. Louis, MO: Mosby Elsevier.

第7章

Schleip, R., Duerselen, L., Vleeming, A., Naylor, I.L., Lehmann, H., Zorn, A., Klingler, W. (2012) Strain hardening of fascia: Stat stretching of dense fibrous connective tissue can induce a temporary stiffness increase accompanied by enhanced matrix hydration. *Journal of Bodywork and Movement Therapies*, 16, 94–100.

Thompson, C.R. (2007, January). *Biomechanical approach to the evaluation and treatment of the low back*. Symposium conducted at Eastern Athletic Trainers Association, Boston, MA.

第8章

Clark, M.A., & Lucett, S.C. (2011). *NASM essentials of corrective exercise training*. Philadelphia, PA: Lippincott Williams & Wilkins.

第9章

Silva, L., Andreu, J.L., Munoz, P., Pastrana, M., Millan, I., Sanz, J., Fernandez–Castro, M. (2008). Accuracy of physical examination in subacromial impingement syndrome. *Rheumatology*, 47, 678–683.

第10章

Bell, D.R., Padua, D.A., & Clark, M.A. (2008). Muscle strength and flexibility characteristics of people displaying excessive medial knee displacement. *Archives Physical Medicine and Rehabilitation*, 89(7), 1323–1328.

Cook, G. (2012, October). What is our baseline for movement? Lecture conducted from *the International Federation of Orthopaedic Manipulative Physical Therapists* convention.

Sahrmann, S. (2002). *Diagnosis and treatment of movement impairment syndromes*. St. Louis, MO: Mosby Elsevier.

第11章

ACSM. (2012). Worldwide survey of fitness trends for 2016: 10th anniversary edition. *ACSM's Health & Fitness Journal*, 19(6), 9–18.

Kaneoka, K., Shimizu, K., Hangia, M., Okuwaki, T., Mamizuka, N., Sakaen, M., & Ochiai, N. (2007). Lumbar intervertebral disk degeneration in elite competitive swimmers: A case control study. *American Journal of Sports Medicine*, 35(8), 1341–1345.

Harrison, R.N., Lees, A., McCullagh, P.J., & Rowe, W.B. (1986). A bioengi–neering analysis of human muscle and joint forces in the lower limbs during running. *Journal of Sports Sciences*, 4, 201–218.

U.S. Department of Labor. (2015). *Nonfatal occupational injuries and illnesses requiring days away from work*, 2014. (USDL Publication No. 15–2205).

Washington, DC: U.S. Government Printing Office. Wolf, B.R., Ebinger, A.E., Lawler, M.P., & Britton, C.L. (2009). Injury patterns in Division I collegiate swimming. *American Journal of Sports Medicine*, 10, 2037–2042.

第12章

McGill, E.A., & Montel, I.N. (Eds.). (2017). *NASM essentials of personal fitness training* (5th ed.). Burlington, MA: Jones & Bartlett.

第13章

Trappe, T.A., White, F., Lambert, C.P., Cesar, D., Hellerstein, M., & Evans, W.J. (2002). Effect of ibuprofen and acetaminophen on postexercise muscle protein synthesis. *American Journal of Physiology, Endocrinology, & Metabolism*, 282(3), E551–E556.

第14章

Grooms, D., Appelbaum, G., & Onate, J. (2015). Neuroplasticity following anterior cruciate ligament injury: A framework for visual–motor training approaches in rehabilitation. *Journal of Orthopaedic & Sports Physical Therapy*, 45(5), 381.

Paterno, M.V., Rauh, M.J., Schmitt, L.C., Ford, K.R., & Hewitt, T.E. (2012). Incidence of contralateral and ipsilateral anterior cruciate ligament (ACL) injury after primary ACL reconstruction and return to sport. *Clinical Journal of Sport Medicine*, 22(12), 116–121.

Rehabilitate. (n.d.). In *Merriam-Webster Online*. Retrieved from www.merriam–webster.com/dictionary/rehabilitate.

Sahrmann, S. (2002). *Diagnosis and treatment of movement impairment syndromes*. St. Louis, MO: Mosby.

作者简介

凯尔·斯塔尔（Kyle Stull），DHSc, MS, LMT, CSCS, NASM-CPT, NASM-CES

凯尔是Implus LLC分部TriggerPoint研究和项目设计部高级经理。TriggerPoint是网格泡沫轴和肌筋膜按压技术的创始者。在过去的13年中，TriggerPoint创建了泡沫轴滚压这一行业，并且促进了泡沫轴滚压训练的发展。

作为一名专业人士，凯尔和多所大学及业内的专家一起开展相关研究，旨在给泡沫轴滚压提供一些证据性的支持，丰富市场和教学推广所需的资料。自2010年开始，他就是美国国家运动医学学会的指导教师，主要教授健身和纠正性训练课程，并且为多个出版社贡献内容。

凯尔已经获得了健康科学博士学位、康复科学硕士学位及体育管理学士学位。他是一名注册按摩治疗师、认证体能训练师及认证纠正性训练师，在个人训练、纠正性训练和手法治疗领域具有14年的专业经验。

作为筋膜研究协会（Fascia Research Society）和国际骨科医学学会（International Academy of Orthopedic Medicine）的成员，凯尔一直处于行业发展的最前端，并且在工作中不断更新整合最新的研究成果，来维持自己在实践领域的高标准。

译者简介

杨斌

卡玛效能运动科技创始人；卡玛效能"有氧训练专家"认证标准制定者，卡玛效能精准系列课程["精准评估（Precision Assessment™）""精准训练（Precision Training®）""精准减脂（Precision Weight Loss®）""精准力量（Precision Strength™）""精准伸展（Precision Stretching®）""精准营养（Precision Nutrition®）""精准康复（Precision Rehabilitation™）"]创始人；卡玛效能精准减脂管理软件创始人；曾任美国运动医学会（ACSM）、美国国家体能协会（NSCA）及国际运动科学协会（ISSA）中国区讲师；国家体育总局行业职业技能鉴定专家委员会专家，中央电视台体育频道特邀运动健康专家，北京特警总队体能顾问；2003年全国健美锦标赛青年75千克级冠军；著有《家庭健身训练图解》，译有《精准拉伸：疼痛消除和损伤预防的针对性练习》《整体拉伸：3步提升全身柔韧性、灵活性和力量（全彩图解第2版）》《拉伸致胜：基于柔韧性评估和运动表现提升的筋膜拉伸系统》《周期力量训练（第3版）》等。

李明

现任卡玛效能"精准伸展（Precision Stretching®）"认证课程联合创始人、项目负责人；从事体育行业29年，曾是游泳、田径、篮球专业运动员；拥有超过10年的健身行业一线执教及管理经验，超过8年的健身行业教学培训经验；美国国家体能协会（NSCA）中国区讲师；曾任上市公司商赢环球智能健身项目总负责人，曾为国家游泳队、羽毛球队等专业运动队提供运动伸展指导服务；著有《家庭健身训练图解》，译有《男性肌肉与力量训练指南》。

王承诚

现任卡玛效能"精准康复（Precision Rehabilitation™）"认证课程联合创始人、项目负责人；从事体育行业20年，曾是篮球专业运动员；曾在多家健身房担任私人教练及教练主管，并创办过私人健身工作室，教授私教课时长超过10 000小时；通过FMS、BOSU和TRX等国际教练培训认证；曾为国家游泳队提供体能训练指导服务；译有《男性肌肉与力量训练指南》。